话语分析视角下女性维权与发展议题的媒体表达

孔　倩◎著

图书在版编目（CIP）数据

话语分析视角下女性维权与发展议题的媒体表达 ／
孔倩著 . --北京：光明日报出版社，2021.9

ISBN 978 - 7 - 5194 - 6223 - 9

Ⅰ.①话… Ⅱ.①孔… Ⅲ.①妇女权益保障法—中国
Ⅳ.①D923.8

中国版本图书馆 CIP 数据核字（2021）第 161257 号

话语分析视角下女性维权与发展议题的媒体表达

HUAYU FENXI SHIJIAO XIA NÜXING WEIQUAN YU FAZHAN YITI DE MEITI BIAODA

著　　者：孔　倩			
责任编辑：杨　茹		责任校对：李小蒙	
封面设计：中联华文		责任印制：曹　净	

出版发行：光明日报出版社

地　　址：北京市西城区永安路 106 号，100050

电　　话：010 - 63169890（咨询），010 - 63131930（邮购）

传　　真：010 - 63131930

网　　址：http：//book. gmw. cn

E - mail：gmrbcbs@ gmw. cn

法律顾问：北京市兰台律师事务所龚柳方律师

印　　刷：三河市华东印刷有限公司

装　　订：三河市华东印刷有限公司

本书如有破损、缺页、装订错误，请与本社联系调换，电话：010 - 63131930

开　　本：170mm ×240mm

字　　数：166 千字　　　　　　　印　　张：13.5

版　　次：2022 年 1 月第 1 版　　　印　　次：2022 年 1 月第 1 次印刷

书　　号：ISBN 978 - 7 - 5194 - 6223 - 9

定　　价：89.00 元

序

改革开放以来，中国女性维权与发展取得的成就不容小觑。女性维权工作实现了法制化、社会化、规范化和事实化，2016年《中华人民共和国反家庭暴力法》（以下简称《反家庭暴力法》）开始实施，美国、英国、加拿大、新加坡等国际主流媒体都进行了报道。与此同时，鼓励女性发展自我的社会土壤使中国女性在思想上逐渐摆脱了男主外女主内的传统观念，走入职场的她们努力平衡家庭与事业，书写了无数中国优秀女性的传奇故事。随着近年来女性创业潮的蔚然兴起，许多女性成为成功企业家，为中国乃至国际社会做出巨大贡献，众多国际媒体对中国女性的发展成就进行深度报道。从外国媒体对中国女性维权与发展议题的报道来看，这两个议题都是被国际社会高度关注和审视的中国女性议题，是国际传播研究与实践的重要内容。

媒体表达是传播者通过媒介把话语（语言和非语言符号以及它们所包含的意识形态和社会权力关系）传递给受众以达到一定传播效果的行为。不同国家的媒体由于其新闻价值标准、话语表达技巧、议程设置目标不同，因此在相同议题上制作出来的新闻报道也会产生不同的传播效果。中国涉外媒体和美国媒体在中国女性维权与发展议题上的议程设置目标不同，同时话语表达能力和技巧相异，呈现出不同的媒体表达效果。对中国女性维权与发展议题媒体表达进行深入研究，提高相关议题的国际传播能力，构建具有突破性的实践路径仍是国际传播研究和实践中的重要问题。

中国女性维权与发展议题媒体表达的重要性具体表现在：女性维权与发展议题的媒体表达是国际媒体报道的重要组成、国际话语权的重要标志、社会发展的重要特征、衡量媒体影响力的重要方面。女性维权与发展议题媒体表达的重要性决定了提升相关议题媒体表达能力的重要意义。

本研究旨在提高中国涉外媒体在女性维权与发展议题上话语表达能力，增强中国涉外媒体的国际竞争力。第一，回应国际社会有偏见和不全面的认知。立足本国历史文化和社会现实，遵循中国特色社会主义道路的新闻价值标准和新闻框架，深入研究国外媒体产生偏见的原因，对国外媒体因意识形态偏见所造成的认识不足和不合理性做出回应。第二，提升在性别议题上的话语表达能力。通过对国际一流媒体和中国主流涉外媒体的媒体话语表达技巧的对比，运用新闻话语反映现实和构建现实的功能；总结提升中国涉外媒体在女性维权与发展议题上话语能力的路径，增强中国涉外媒体的国际竞争力。

通过梳理用话语分析研究女性议题媒体表达的研究现状发现：遵从福柯话语理论语言与社会相互构建原则的话语分析常被用于媒体表达研究和女性议题研究，但在此话语分析视角下研究女性维权与发展议题的媒体表达，探索中国涉外媒体反映和构建相关议题社会现实的有效路径仍是现实命题。

话语分析是本研究主要的研究方法，辅以文献调查、个案研究、比较研究、数据统计等研究方法。本研究对《中国日报》海外版和《纽约时报》近十年关于对"中国女性维权"议题的相关报道进行批评话语分析；

对"中国女性发展"议题的相关报道进行积极话语分析。第一维度的文本分析主要聚焦6篇文章；第二维度分析具体新闻来源比例，本研究把搜索到的48篇报道都纳入了分析范围。

话语分析框架主要采用费尔克劳三维分析框架：从文本分析、言语实践分析和社会实践分析三个维度进行。第一维度微观的文本分析中，从文本的篇章层面（叙事结构分析、新闻图式），句子层面（及物性、主题、修辞、引语）和文字层面（词语的选择）进行分析；第二维度中观的言语实践分析中，从消息来源和转述方式入手进行研究；第三维度宏观社会实践分析中，着重解读事件的社会、经济和政治背景，以揭示意识形态意义、社会权力关系并且分析哪些话语对社会现实有积极的建构作用。

通过对《中国日报》海外版和《纽约时报》女性维权议题报道的文本分析比较发现，两报在媒体表达技巧上各有特点，是体现了舆论引导和客观表达的媒介呈现。《纽约时报》善用学术研究结论和数据展现客观性。言语实践分析比较发现，两报都用了具体新闻来源高比例呈现的表达方式。社会实践分析比较发现，两国不同的社会文化、价值观、社会发展进程使两报立场和观点相异，《纽约时报》对中国女性维权议题存在误读误判。《中国日报》海外版对符合国际受众认知内容的构建不足。

通过对《中国日报》海外版和《纽约时报》女性发展议题报道的文本分析比较发现，《纽约时报》在塑造成功的中国女性形象时，语境营造、角色塑造、修辞词汇运用更胜一筹。言语实践分析比较发现，两报都通过高比例具体新闻来源呈现客观性的表达方式，但《纽约时报》比例略高于《中国日报》海外版。社会实践分析比较发现：中国社会给予中国女性发展空间，《纽约时报》积极呈现了在此社会背景下中国成功女性的特质：有速度、有激情、有狼性，同时她们低调、务实、理性的形象，有平衡家庭与事业的能力。这些内容客观反映了中国的社会现实，同时也积极构建了中国社会给予女性发展空间的社会现实。《中国日报》海外版也有相同的积极构建意图，但话语表达技巧尚需提高。

对《中国日报》海外版和《纽约时报》中国女性维权议题的批评话语分析反映了中国涉外媒体表达能力的三个现状：①关于对外媒误读误判的回应；②关于资料和数据支持论点的技巧；③关于遵循价值同构原则。对《中国日报》海外版和《纽约时报》中国女性发展议题的积极话语分析反映了中国涉外媒体表达技巧的五个现状：①新闻来源的提炼与整体把握；②营造女性发展议题上的语境方式；③人物形象的丰满度与丰富度；④媒体表达均衡度与说服力；⑤媒体语言表达的精确度与感情色彩。

因此，提升中国涉外媒体该议题媒体表达能力的路径有：①回应外媒报道中的误读误判；②利用学术资料和数据进行客观呈现；③以价值同构原则构建符合海外受众共同的认知。提升中国涉外媒体该议题媒体表达能力的路径包括：①增加具体新闻来源和直接引语，体现新闻报道的客观性和权威性；②借鉴外媒语境营造技巧突出中国特色社会主义文化自信；③提升媒介人物丰满度与丰富度，呈现中国女性特质；④运用均衡说服的表达方式增强故事的说服力；⑤巧用媒体语言提升故事的吸引力与感染力。

孔倩

2020 年 1 月初稿，2020 年 9 月修改

目 录
CONTENTS

绪　论

一、研究背景

中国女性维权与发展议题是国际舆论关注的焦点，也是国际传播领域研究的重要内容。改革开放以来，中国女性维权工作与经济社会发展同步，取得了长足的进步，实现了女性维权工作的法制化、社会化、规范化和事实化。同时，社会的快速发展也为女性发展创造了有利条件，中国女性克服男主外女主内的传统观念，努力平衡家庭与事业。随着女性创业潮的蔚然兴起，许多女性成为成功企业家，实现自我成长，为社会做出巨大贡献。被国际社会所关注和诠释的中国女性维权与发展议题是国际传播研究与实践的重要内容。

中国涉外媒体承担着向国际受众诠释中国女性维权与发展议题的重要任务，其媒体表达能力是社会发展的重要特征、国家话语权的重要标志、衡量媒体影响力的重要方面，提高中国媒体的国际竞争力是中国媒体研究者和实践者的重要目标。中国涉外媒体已经在很多方面取得长足进步，要想进入国际传媒场域，参与国际话语权竞争，达到国际认可水平，必须加强媒体研究，实现媒体表达能力的进一步提升。

《中国日报》海外版，也叫《中国日报》美国版，是 2009 年 2 月 23 日正式推出的为美国读者量身定做的国际新闻报刊，是中国进行国际传播的一个重要报刊。它以"构建世界一流媒体"为目标，采用国际流行版式，并拥有中国涉外媒体中人数最多的英文新闻采编团队，力求版式风格和语言水准与西方一流媒体全面接轨。《纽约时报》在全世界发行，有相当大的影响力，它是美国一流报纸的代表，长期以来拥有良好的公信力和权威性。本研究聚焦主流涉外媒体《中国日报》海外版与美国一流媒体《纽约时报》在女性维权与发展议题上的媒体表达，比较媒体表达技巧，通过对报道的批评话语分析和积极话语分析，探索中国涉外媒体通过新闻话语反映和构建中国女性维权和发展议题社会现实的有效路径。

二、研究意义

本研究的意义在于提高中国涉外媒体在女性维权与发展议题上话语表达能力，增强中国涉外媒体的国际竞争力。

第一，回应国际社会有偏见和不全面的认知。立足本国历史文化和社会现实，坚持以马克思主义为指导，从中国当下妇女发展的实际情况出发（刘利群，2016），遵循中国特色社会主义道路的新闻价值标准和新闻框架，深入研究国外媒体产生偏见的原因，对国外媒体因意识形态偏见所造成的认识不足和不合理性做出回应。

第二，提升在性别议题上的话语表达能力。通过对国际一流媒体和中国主流涉外媒体的媒体话语表达技巧的对比，运用新闻话语反映现实和构建现实的功能，总结提升中国涉外媒体在女性维权与发展议题上话语能力的路径，增强中国涉外媒体的国际竞争力。

三、研究方法

本研究以话语分析为主要研究方法，辅以文献调查、个案研究、比较研究、数据统计。

文献调查。一种搜集、鉴别、整理文献，并通过对文献的研究形成对事实的科学认识的方法（艾尔·巴比，2018）。本研究主要依托中国期刊网全文数据库、中国传媒大学论文数据库、清华大学论文数据库等电子馆藏文献和各种纸质专著或编著，对涉及女性议题媒体表达、批评话语分析、积极话语分析的相关文献进行梳理和分类，指出尚待讨论和研究的空间，根据本研究的内容和需要进行概括和补充。

个案研究。一种普遍的定性研究方法，系统研究个人、团体、组织、事件或者议题，以获得尽可能多的资料（郭泽德，白洪谭，2015）。本研究聚焦中国女性议题中的女性维权和发展两个议题。

比较研究。一种根据一定的标准，对两个或两个以上有联系的事物进行考察，寻找其异同，探求普遍规律与特殊规律的方法（郭泽德，白洪谭，2015）。本研究从文本分析、言语实践分析和社会实践分析三个维度比较了《中国日报》海外版和《纽约时报》在女性维权与发展议题上的媒体表达能力。

数据统计。一种收集、整理、分析和解释统计数据，对其所反映的问题做出一定结论的方法（艾尔·巴比，2018）。近10年来，中国发生了李某家暴门等引发媒体讨论和争议的事件（2011年），促使《中华人民共和国反家庭暴力法》的出台（2016年）；同时，"大众创业，万众创新"被写入政府工作报告（2015年），女性创业蔚然兴起。本研究分别对《中国日报》海外版和《纽约时报》近十年（2009—2019年）的关于"中国女性维权"和"中国女性发展"相关议题在EBSCOhost数据库和清华大学新闻数据库进行搜索。搜索关键词"China anti-domestic violence"，《纽约时报》有6篇相关报道，《中国日报》海外版有20篇相关报道。搜索关键词"Chinese women entrepreneurship or development"，《纽约时报》有 10 篇相关报道，《中国日报》海外版有 12 篇相关报道。本研究对搜索到的 48 篇相关报道的具体新闻来源比例做出统计，以分析比较两报媒体表达的客观性。

话语分析。一种借助符号理论和话语理论，致力于对传播活动的各种符号、象征、文本及话语进行解剖，从表象中发现其中隐含的深层寓意与真实用意。它既是一种应用理论，又是一种研究方法（费尔克劳，2003；范·戴克，2003）。本研究的话语分析遵从福柯话语理论语言与社会相互构建原则（福柯，1998）。本研究着重分析新闻媒体表达能力和技巧，因此，在搜索到的 48 篇报道中选择有叙事性的 6 篇报道来进行文本分析，论证性的报道没有作为分析的主要对象；李某家暴案、中国反家暴立法、中国知名企业女性创业故事是本研究聚焦的几个主要话题。第一维度的文本分析主要聚焦 6 篇文章，第二维度分析具体新闻来源比例，本研究把搜索到的 48 篇报道都纳入分析范围。

本研究所使用的话语分析包括批评话语分析和积极话语分析两个维度。基于对批评话语分析和积极话语分析的区别认识，本研究把批评话语分析用于分析女性维权议题的媒体表达；把积极话语分析用于分析女性发展议题的媒体表达。

分析框架采用费尔克劳（Fairclough）三维分析框架：文本分析、言语实践分析、社会实践分析。值得注意的是，费尔克劳三维分析框架中的文本分析不是传播学中广义的文本分析，它主要聚焦语篇语言结构的分析。

本研究对女性议题媒体表达的话语分析遵从福柯话语理论语言与社会相互构建的原则。也就是说，媒体表达中的话语一方面反映着"中国女性维权议题"和"中国女性发展议题"的社会现实状况，另一方面也在国际传播中构建和塑造了中国女性维权和发展的整体形象。从微观层面看，只有运用好的话语技巧把这一形象构建好，才能提升性别议题上的国家话语权，增强国际竞争力。

无论是批评话语分析还是积极话语分析都专注于研究社会问题，都是基于福柯话语理论基本认识的研究，经常被研究者用来进行传播学和语言学的跨学科交叉研究。

四、章节结构

本研究选取了中美主流媒体《中国日报》海外版和《纽约时报》作为案例以透视女性维权与发展的现状，并进一步辐射中国反家暴和中国创业女性等相关领域。反家暴议题和中国女性创业议题是具有典型性的中国女性维权和发展议题，并受到国内外媒体的一致关注。这是本研究聚焦反家暴议题和女性创业议题的主要原因。

第一章：女性维权与发展议题媒体表达的重要性。本章阐述了女性维权与发展议题是国际媒体报道的重要组成部分；女性维权与发展议题媒体表达能力是国际话语权的重要标志；女性维权与发展议题媒体表达能力是社会发展的重要特征；女性维权与发展议题媒体表达能力是衡量媒体影响力的重要方面。

第二章：用话语分析研究女性议题媒体表达的研究现状。本章界定了研究中的话语分析概念；概述批评话语分析和积极话语分析的概念、来源、发展、研究范围、分析角度；梳理批评话语分析与媒体表达研究、批评话语分析对性别议题媒体表达的研究；指出用批评话语分析研究女性维权议题媒体表达的原因和分析框架，用积极话语分析研究女性发展议题媒体表达的原因和分析框架。

第三章：分析了中国女性维权的社会背景。对《中国日报》海外版和

《纽约时报》的中国女性维权议题的媒体表达进行批评话语分析。

第四章：交代了中国女性发展议题的社会背景。对《中国日报》海外版和《纽约时报》的中国女性发展议题的媒体表达进行积极话语分析。

第五章：提出中国涉外媒体女性维权与发展议题媒体话语表达的对策建议。对《中国日报》海外版和《纽约时报》中国女性维权议题的批评话语分析反映了中国涉外媒体表达能力的三个不足之处；对《中国日报》海外版和《纽约时报》中国女性发展议题的积极话语分析反映了中国涉外媒体表达技巧的五个问题，总结提升中国涉外媒体女性维权和发展议题媒体表达能力的路径。

五、研究问题

中国女性维权与发展议题相关报道的批评和积极话语分析可以帮助我们回答的研究问题包括：

1. 中国涉外媒体是否可以客观真实地报道中国女性维权方面的成就？

2. 这些报道是否有效回应《纽约时报》对中国女性维权议题的认识不足和误读误判？

3. 中国涉外媒体的话语表达水平还有没有提升空间，哪些话语技巧可能帮助中国涉外媒体真实客观积极地反映和构建中国女性维权的社会现实？

4. 中国涉外媒体褒扬中国优秀创业女性特质是否与美国媒体褒扬的特质一样？是否遵循价值同构原则，关照国际受众的认知标准？

5. 讲中国女性企业家故事的话语表达技巧是否足以反映她们的真实成就和贡献？

6. 增强我国涉外媒体在女性维权与发展议题上的国际竞争力的路径有哪些？

第一章

女性维权与发展议题媒体表达的重要性

第一节　女性维权与发展议题
是国际媒体报道中的重要组成部分

第一，女性维权和发展议题一直是世界人民共同关心的议题。这种普遍性决定了女性维权与发展议题是展开国际传播和提高我国国际话语权的天然优质领域。2016 年，《中华人民共和国反家庭暴力法》①　实施之时，美国、英国、加拿大、新加坡等国主流媒体都进行了相关报道；中国成功创业女性的故事也是被国际媒体表述较多的议题，如对蓝思科技董事长周群飞女士的报道和玖龙纸业董事长张女士的报道。中国涉外媒体围绕相关议题不断精耕深挖，对国际关切做出合理回应，有意识地在国际传播领域探索不断扩大国际影响力的媒体实践路径，是中国国际传播的重要任务。

第二，全球范围内的女性维权与发展议题有着共同的目标。在全球范围内实现性别平等，是全球各国人民共同的愿望，也是各国政府努力的共同目

---

① 《中华人民共和国反家庭暴力法》于 2015 年 12 月 27 日第十二届全国人民代表大会常务委员会第十八次会议通过。

标。中华人民共和国成立以后，中国一直致力于推动性别平等，维护女性权益、促进女性发展。性别平等被写入宪法和中国共产党十八大、十九大报告。1995 年在北京举办的联合国第四次妇女大会阐述了将男女平等作为社会发展的主要目标。2015 年联合国总部发布 2030 年可持续发展全球目标，性别平等被列为 17 个可持续发展目标之一（刘利群，2019）。无论从国内视角还是国际视角看，性别平等是社会发展的主要目标。女性维权和发展议题作为性别平等的主要体现，在全球范围内也有着相同的发展方向和目标。

第三，全球范围内女性维权与发展面临着相同的问题。性别平等在世界各国之间和各国内部普遍存在发展不平衡的状况，对性别平等的内涵、标准和理念也存在着巨大分歧。面对这些问题如何求同存异，缩小分歧，弥合差距，在共性和个性、全球性和本土化之间实现平衡，以促进性别平等，实现共同进步是摆在世界面前的共同问题。中国涉外媒体针对这些问题适时提出有建设意义的见解和看法，推出广为接受和切实可行的理念和标准，在女性维权与发展议题上彰显中国方案、中国立场和中国主张，对提高我国国际话语权大有裨益。共同的关切、共同的目标、共同的问题使女性维权与发展议题成为国际媒体报道中的重要组成部分。

第二节　女性维权与发展议题媒体
表达能力是媒体话语权的重要标志

媒体话语权是一种软实力[①]，国家软实力的强弱与其主流媒体的媒体

[①] 陈琦. 略论中国如何在媒介传播中掌握国际话语权 [J]. 新闻知识，2010（2）：43 - 44.

表达能力有着直接的关联。国际传播领域的话语建构是一个"有权利说"和"被倾听"相互影响的过程。可以从个体基本权益的层面来定义是否拥有话语权。它更多指向个体在一定范围内宣讲自己观点的能力和权益（李智，2015）。虽然事实上，"说"得多并不代表被"听到"（王啸，2010）。媒体话语权可以理解成一个国家通过媒体表达来获得的话语权，它不单纯指媒体表达权利，还指媒体表达能力。

因此，媒体在国际社会普遍关注的议题上的表达能力是媒体话语权的重要标志。将媒体话语权的研究还原到国际传播的领域中，本研究以作为国际媒体报道重要组成部分的"中国女性维权"和"中国女性发展"两个议题为例，比较中国涉外媒体和外国媒体在相关议题新闻话语生产中的话语表达，为我国涉外媒体讲"被国际受众倾听"的中国女性故事，提升媒体话语权找到切实可行的路径。

第三节　女性维权与发展议题媒体表达能力是社会发展的重要特征

第一，中国涉外媒体在女性维权与发展议题上的媒体表达能力和技巧决定了表达效果。媒体表达中使用的话语是构建媒介世界"拟态环境"中的重要部分，是我们认知女性维权与发展议题的重要渠道。在国际传播中，中国涉外媒体和美国媒体对媒体表达中使用的话语进行层层筛选，新闻制作者对性别议题的报道角度和立场进行"议程设置"，把想要呈现的内容表达出来，表达效果的优劣往往跟媒体表达技巧有直接的关系。

第二，我国涉外媒体的媒体表达技巧和能力尚有可提升的空间。我国在促进男女平等方面取得了举世瞩目的成就，对世界性别平等做出的贡献不容小觑，但是我国涉外媒体在中国性别议题上的话语表达技巧和能力依然有可提升的空间，国际传播力与取得的成就和做出的贡献不相匹配。国际传播的单向流动性决定了西方主流媒体在国际传播中掌握着对某些议题的控制权。外国媒体拥有更好的媒介优势资源，在议程设置和叙事表达方面的技巧和能力都优于我国的涉外媒体。从中国的国际传播的视角看，妇女与媒介领域的一个战略目标就是促进涉外媒体对妇女做出平衡和非陈规定型的描绘（刘利群，2015）。实现这一目标是中国涉外媒体对中国乃至国际社会肩负的社会使命。

第三，提升我国涉外媒体在女性维权与发展议题上的媒体表达能力是中国社会发展的重要特征。中国涉外媒体需要提升自身媒体表达技巧和能力，以准确积极的话语反映和构建国际社会关注的中国女性维权与发展社会现实，回应外媒报道中的误读误判，做出平衡和非陈规定型的描绘，减少媒介话语和社会现实之间的不匹配性，这是中国涉外媒体的重要目标，也表征着中国的社会发展与进步。

第四节　女性维权与发展议题媒体
表达能力是衡量媒体影响力的重要方面

第一，中国涉外媒体在女性维权与发展议题上的媒体表达能力成为衡量媒体影响力的重要方面。媒体表达能力强意味着媒体在通过话语构建受众关注的议题时，用正确的新闻价值观、话语表达技巧来报道，真实客观地反映社会现实，并吸引受众关注，改变受众认知，获得受众认可。媒体影响力在一定程度上又可以通过受众的关注度、认知度和认可度来衡量。女性维权与发展议题作为中国涉外媒体向国际受众报道中国问题的重要组成部分，其国际传播效果反映在国际受众对相关议题的关注、认知和认可上，可用以衡量中国涉外媒体在国际上的影响力。

第二，提升女性维权与发展媒体表达能力是增强中国涉外媒体国际影响力的重要渠道。正确的新闻价值观和话语表达技巧使中国女性故事在国际社会上得到准确客观有效的传播；相同议题的报道上，新闻价值标准正确、话语表达技巧好，比如，叙事结构好、语境营造方式特别、人物刻画具体生动、修辞手法运用得当、词语意义选择贴切的新闻报道更容易得到国际受众的青睐，报道所反映的社会现实更容易感化国际受众，为他们所接受。中国经过多年的发展，在女性维权和发展议题相关的社会实践中取得了令人瞩目的成就，在此话语基础上，我国涉外媒体亟须提高媒体话语权，提升话语表达能力，客观积极地表现中国女性维权与发展议题相关的社会现实，争取国际受众的关注、认知和认可，扩大媒体的国际影响力。

第三，中国涉外媒体在女性维权与发展议题上的国际影响力越强，构建相关文化的能力就越强。媒体话语同时也构建着社会现实。中国的涉外媒体参与构建全球文化的过程中，通过正确的价值观和话语技巧，传播中国女性议题正面积极和不断进取的形象，吸引国际受众关注和认知中国女性议题。国际受众的关注、认知和认可将给予中国更多的鼓舞，促进中国在女性维权和发展上的不断进步，同时推动全球性别平等和全球女性事业的发展。

简言之，女性维权与发展议题是国际媒体报道的重要组成部分，备受国际社会关注。中国涉外媒体在这两个议题上的媒体表达能力决定了国际受众对相关议题的关注度、认知度和认可度，也是衡量媒体影响力的重要方面。

第二章

用话语分析研究女性议题媒体表达的研究现状

第一节　话语分析的概念界定和分析框架

一、话语分析的概念界定

　　信息全球化打破了国界，但是各国之间信息传播资源和权力结构的不平衡也凸显出来。在这样的背景下，国际传播中的性别传播研究也需要在社会性别研究理论框架视角之外，结合政治经济学、文化研究、话语理论，对特定的研究问题进行更全面的阐释（张敬婕，2012）。新闻传播的话语分析力图跳出传统的社会学框架，将分析深入新闻传播的内容及意义层面，结合广阔的社会文化背景、新闻传播主体的社会认知来展开研究，形成与传统新闻传播研究不同的新路径（丁和根，2019）。因此，本研究采用了基于福柯话语理论的话语分析方法来分析女性维权与发展议题的媒体表达，着重突出话语的社会构建性。

　　根据福柯的话语理论，"话语"不是一个单纯的语言学概念，而是一个多元综合的关于意识形态再生产方式的实践概念。它具有自身的实践性，存在于立体的语境中，既随着语境变化又反作用于语境，人类与世界的关系是一种话语关系，任何事物都不可能脱离"话语"而存在（福柯，2017）。

与传统历史研究对于"话语"的意义和本质的强调不同，福柯的研究重点是"话语"的生成与作用。基于福柯话语理论的话语分析为语篇研究提供了新的方法和视野，因为"话语"不仅仅反映现实，而且构建着社会现实，它通常从语言、语篇、符号学的角度来理解和解释社会现实（王啸，2010）。简言之，基于这种认识的话语分析加深了我们对语言和社会关系的理解。

话语分析在新闻传播领域的广泛运用是因为新闻话语既具有鲜明的专业特征，又与社会生活领域息息相关。传统新闻学和传播学对新闻的研究大多将新闻看成是对客观事实的一种直接反映，新闻话语本身的构建力量、新闻生产者和接受者的主体认知行为被忽视了。在对新闻话语进行的分析中，新闻生产与接受主体复活了，话语不仅仅客观反映社会现实，还构建着社会现实（丁和根，2019）。

本研究对性别议题媒体表达的话语分析遵从福柯话语理论语言与社会相互构建的原则。也就是说，媒体表达中的话语一方面反映着"中国女性维权议题"和"中国女性发展议题"的社会现实状况，另一方面也在国际传播中构建和塑造了中国实现男女平等和女性发展的整体形象。从微观层面看，只有运用好的话语技巧把这一形象构建好，才能讲好中国女性故事。

无论是批评话语分析还是积极话语分析都专注于研究社会问题①，都

---

① 中国语言与符号学研究会副会长张德禄教授指出，虽然批评话语分析和积极话语分析来自不同的理论背景，但它们可以共享统一研究模式，其研究的目标具有相似的特点，都把研究的目标集中在语言外的社会文化因素，并形成互补。

是基于福柯话语理论基本认识的研究，经常被研究者用来进行传播学和语言学的跨学科交叉研究。

二、费尔克劳三维话语分析框架

本研究的话语分析包括批评话语分析和积极话语分析，两者互相补充使话语评价理论趋于完善，并且以相互补充的方式解读语言与社会现实、意识形态的关系。批评话语分析通过对语言的分析揭示社会问题，提出解决问题的方案；积极话语分析选择有积极正面作用的话语进行分析，着重研究语言对社会关系的积极构建意义。本研究将两者结合，具有互补性。

本研究认为费尔克劳的三维分析框架①是现在学界应用最多、最有说服力的一种分析框架，多位学者用该框架进行话语分析。所以，对女性维权和发展议题相关新闻报道的话语分析可以借助费尔克劳的三维分析框架来进行。第一维度，微观的文本分析中，从文本的篇章层面（叙事结构分析、新闻图式）、句子层面（及物性、主题、修辞、引语）和文字层面（词语的选择）进行分析；第二维度，中观的言语实践分析中，从消息来源和转述方式入手进行研究，也包括记者和撰稿人的教育背景、新闻素材搜集方式；第三维度，宏观社会实践分析中，着重解读事件的社会、经济和政治背景，以揭示意识形态意义、社会权力关系并且分析一些话语对社会现实的积极建构作用。

值得注意的是费尔克劳的三维分析框架中第一维度的文本分析与广义上的文本分析不同。广义的文本分析的理论资源来自阐释学和人文主义，

---

① FAIRCLOUGH N. Critical Discourse Analysis：The Critical Study of Language ［M］. London：Longman, 1995：35 - 40.

存在几种不同的研究取向，比如，滥觞于英美文学批评的"新批评"法，以罗兰·巴特维为代表的符号学分析法，着重于故事分析与叙述视角分析的叙述学分析法，兼顾宏观社会环境和微观文本解构的互文、对话理论分析法，德里达的解构主义，文本社会学研究方法和英国文化研究等。而费尔克劳的三维分析框架中第一维度的文本分析专指文本语言层面的形式结构分析，可以从文本的篇章层面、句子层面和文字层面来切入。

　　积极话语分析也是把福柯话语理论作为基本认识的研究。它聚焦社会问题，常被研究者用来进行传播学和语言学的跨学科交叉研究，具有很强的社会属性。唯一不同于批评话语分析的地方在于：积极话语分析是分析具有鼓舞和鼓励作用的话语。这些具有鼓舞和鼓励作用的话语既反映社会现实又构建社会现实。所以，本研究认为依然可以从文本分析、言语实践分析和社会实践分析三个维度来展开对积极话语的分析，对文本的分析也包括三个层面，即篇章层面（叙事结构分析、新闻图式）、句子层面（及物性、主题、修辞、引语）和文字层面（词语的选择）。通过积极话语分析，总结出构建中国女性积极形象的话语策略。

第二节　批评话语分析和积极话语分析

一、批评话语分析

（一）批评话语分析的概念

批评话语分析旨在跨学科研究社会问题。它常常被研究者用来进行传播学和语言学的交叉研究。不同于传统的语言学话语分析，它具有很强的社会属性。它认为话语是一种社会实践，文本是社会实践留下的痕迹。也就是说，要探究社会实践的轨迹，就要对文本痕迹进行分析。所以，批评话语分析既注重研究话语在社会生活各个领域中发挥的作用，又必须建立在对文本充分、透彻、扎实、细致的语言学分析的基础上。

话语在社会生活中的作用是指话语在参与和再现社会实践、构建社会事实、社会关系及社会身份中所发挥的作用。批评话语分析本质上具有社会科学领域中的福柯传统话语分析的基本特征。

（二）批评话语分析的来源和发展

批评话语分析的第一个来源是批评语言学，是由福勒（Fowler，1979）提出来的，它是对结构主义语言学的反叛和补充。以索绪尔、布龙费尔德和乔姆斯基为代表的语言学将语言视为一个自给自足和自我调节的抽象体系，认为语言只能以其自身的条件孤立地加以描写，不允许参照文化传统和现象等外部事实。而批评语言学认为语言是不能脱离语境而孤立存在的，认为语言运用充满了价值观。

批评话语分析越来越受青睐，替代了批评语言学。费尔克劳认为批评话语分析更加注重从具体社会问题入手，探讨语言在其中的作用，因此，它为研究话语与不同领域的社会文化发展之间的关系提供了理论和方法（Fairclough，1995）。费尔克劳也指出，批评话语分析要通过分析语篇中的语言形式来揭示那些隐含的语言、权力和意识形态之间的关系以及统治阶级如何运用语言来实施意识形态控制和维护自己的权力地位。因此，批评话语分析的三个目的可以表达为：系统地探索话语实践、事件和语篇与更广阔的社会文化结构、关系和过程之间的因果关系；研究这些实践、事件和语篇与权力之间的关系；探讨话语与社会的关系在维护权力和霸权中的作用。

　　沃达克和迈耶（Wodak，Meyer，2009）指出批评话语分析本质上是以"问题为取向的跨学科研究方法"，它所关注的不是语言本身，而是复杂的社会现象。其实，人们常常对批评话语分析存在误解，认为它的研究对象一定是"负面"的或者异常"严重"的社会、政治事件，其实这样的理解是不全面的。任何一个社会现象其实都可以进行批评性研究。比如，为什么反家暴立法在中国代表女性维权和性别平等的巨大社会进步，但是，美国却轻描淡写？为什么美国媒体报道中国女性发展时，总体上倾向于赞扬中国女性的优秀特质？这些问题仅从语言的层面很难解释清楚，于是，批评话语分析帮助我们认识到话语构建与社会现实之间的动态关联性。

　　批评话语分析的另一来源是系统功能语言学，两者的关系可以追溯到20世纪70年代。韩里德（Halliday，1978）著有论文集《作为社会符号的语言：从社会角度诠释语言与意义》。该研究突破了结构主义语言学的束缚，把语言研究的关注点从语言结构本身移到语言运用的语境上来。但是，与社会语言学家相比，韩里德对语境的关注并不是很深入，只把它当作研究语言结构的参照物，研究的重点依然在语言结构上，所以叫系统功能语法。然而，这种从语境角度审视语言结构的新视角为研究者解读语言结构和语境结构的联系提供了方法。语言及物性结构体现人们认识世界的方式，情态结构体现出讲话人对所谈事务的态度，语言的语篇结构表明人们对谈论话题的重视程度。福勒最早在《语言与控制》（1979）中以系统功能语法为工具来分析新闻语篇中的意识形态意义。

　　另外，系统功能语言学在三个方面有助于批评话语分析的语篇分析。第一，系统功能语法在理论本质上有社会符号学性质。第二，系统功能语言学以语义为基础。第三，韩里德关于语域、语境、衔接和连贯的理论，为考察语篇结构、语篇语境提供了框架和方法。

在实际使用批评话语分析进行研究时，要从文本分析和社会分析两个方面入手。文本分析是对社会实践中涉及社会问题的文本或语料进行语言学分析，找出文本特征；社会分析是用语言学和其他社会科学理论对这个被找出来的文本特征进行分析和解读，揭示这些语言特征所体现出来的权力关系和社会问题，以及这些文本特征被语言使用者最初选择出来进行意义表达时所体现的动机和目的。以社会语境为参照物，对语言结构进行解读的系统功能语言学，为批评话语分析提供了有效的语言分析工具，是费尔克劳和范·戴克（Van Dijk）这几个代表人物在进行话语分析时使用的主要工具。

（三）批评话语分析的研究范围

批评话语分析主要分析真实的社会言语交往活动，研究内容包括语篇和语篇生成相关的众多社会问题，涉及年龄、种族、性别、阶级和态度等社会因素。它透过语言探究各种社会问题，范围涉及媒体、司法、商务、教育等领域中的国家认同、民族身份、性别歧视和社会角色中存在的不平等（辛斌，高小丽，2013）。根据布洛马特（Blommaert，2005）的总结，批评话语分析所涉及的领域包括政治话语研究、意识形态研究、种族研究、与种族有关的移民话语研究、经济话语研究、广告话语与推销研究、媒介语言、性别研究、机构话语、社会工作话语、官僚话语、教育话语等。它经常考察的主题是性别歧视和种族歧视；就业和司法的不平等；战争、核武器和核力量；政治策略和商业行为等（辛斌，2005）。

（四）批评话语分析的几个分析角度

批评话语分析的几个主要研究方法分为以下三种。一是建立在系统功能语言学基础上的社会文化分析法。二是以社会认知理论为基础的批评话语分析法。三是"语篇 + 历史"法。下面将逐一论述。

第一，以费尔克劳为代表的，建立在系统功能语言学基础上的社会文化分析角度。费尔克劳从福勒的批评语言学中吸取养分，结合布迪厄（Bourdieu）的社会学理论，福柯（Foucault）和德里达（Derrida）的解构主义理论，并以韩里德的系统功能语法为主要的分析工具，形成了一套通过分析话语形式来研究语言、权力及意识形态之间关系的一种系统的话语分析方法（辛斌，高小丽，2013）。在《语言与权力》一书中他揭示了语言与社会的内在关系。批评话语分析中作为社会实践的话语是由社会结构决定的。他创立了作为文本、互动和语境的话语三维模式。费尔克劳认为，文本处于底层，是互动的结果；而互动中的生产过程和解释过程都是以语境为社会条件的。三维模式体现了三个含义：（1）语言是社会的一部分；（2）话语是一种社会过程；（3）话语的社会过程受其他社会非语言因素的制约。

为了更清晰地展示语言是社会过程的这种相互构建和塑造的关系，费尔克劳 1992 年在《话语与社会变革》①中对话语三维模式所用的术语进行了修改，使他的话语社会理论得到了完善。最高层次"语境"改成"社会实践"，处于中间层次的"互动"改成"言语实践"，并把原来互动中的生产过程和解释过程改成"生产""传播"和"接受"三个过程。费尔克劳将名称改为"话语三维概念"的模式。

在话语三维观念模式上，费尔克劳又提出了批评话语分析的三个层次：

---

① 费尔克劳在《话语与社会变革》一书中对话语三维模式中都使用的"语境"（context）、"互动"（interaction）和"文本"（text）进行了修改，使他的社会话语理论得以完善。

"描写"（describe）语篇的形式结构特征；"阐释"（interpret）语篇与话语实践过程的关系；"解释"（explain）话语实践过程和它的社会语境之间的关系。

费尔克劳提出了批评话语分析的五个步骤：（1）锁定一个话语相关的社会问题；（2）通过对话语本身、话语所在的社会实践网络以及话语与该社会实践中其他成分之间关系的分析，确定处理该问题要跨越的障碍；（3）考虑解决该问题是否涉及社会秩序；（4）确认克服障碍的方法；（5）进行批判性反思分析（辛斌，2013）。

在此基础上，费尔克劳建立了三维话语分析框架，也是目前学界运用最多的话语分析框架，它包括文本分析、言语实践分析、社会实践分析。第一维度微观的文本分析中，可以从文本的篇章层面、句子层面和文字层面，即从语篇的形式结构进行分析；第二维度中观的言语实践分析中，从消息来源和转述方式入手进行研究；第三维度宏观社会实践分析中，着重解读事件的社会、经济和政治背景，以揭示意识形态意义、社会权力关系并且分析一些话语对社会现实的积极构建作用。

第二，以范·戴克为代表的，以社会认知理论为基础的批评话语分析角度。范·戴克从社会认知的角度研究了话语中对种族和少数民族歧视（2011），以及权势和不平等问题。他把话语视为交际事件和言语成品，是各种意义的表现形式，包括互动话语、书写文本、相关手势、面部表情、印刷布局以及其他符号。他的研究特别关注心理语言学和认知语言学的研究成果，受到谋篇布局认知模式影响，把人类心智看成是话语和语境、语言和社会构建之间的媒介。范·戴克指出，必须通过探究社会行为者大脑中的社会表征所起的作用，才能把话语和社会，进而把话语与控制和不平等的再生产相联系。而过去的批评语言学对社会认知一直是忽视的。他认为研究认知对话语、交际和交流进行分析相当重要。

他对新闻语篇的分析框架有两个重要组成部分：文本部分和语境部分。文本部分的分析又可以分为宏观的和局部的。叙事学、主题学、文体学及修辞学构成了宏观结构。比如，作为宏观意义的主题往往是通过受众自己从语篇中推断的。语篇的标题、概述、摘要、主题句或结论往往可以帮助受众推断语篇的主题，同时也被话语使用者用于构建语篇阅读位置，从而影响读者对语篇解读和相关心智模型的形成。由语法学、语意学、词汇学及语音学构成了分析框架的微观结构，也是对语篇局部意义进行分析的基础。局部意义是话语使用者在其关于现实世界的心智模型中做出选择的结果，对受众的心智模型和思想态度有最直接的影响。

范·戴克（2001）认为权力与控制有关，而控制又与认知有关。也就是说，有权力的群体可以控制另一些群体的行为，还可以影响他们的思想。现在，人们常通过说服、掩饰或操纵来改变他人的思想并使其符合自己的利益，这个过程就是通过对人们认知的影响和控制来实现自己的权力。正是在这个关键点上批评话语分析可以发挥作用：话语的一个重要功能就是影响和控制他人的思想。通过揭示话语结构的社会过程和认知过程，我们就可以理解和阐释与权力相关的话语结构。

第三，以沃达克（Wodak）为代表的"语篇＋历史"法，结合人类文化学的分析角度。它从认知的角度解读话语和社会结构之间的关系。该框架可以分为两个层面：文本生产和文本理解。关于文本生产，沃达克认为说话的情景，说话者的地位、时间、地点，各种社会变项（组织成员、年龄、职业的社会化）以及心理决定因素（经验、习俗）等非语言因素在文本的生产过程中起着至关重要的作用。认知向度、社会心理向度、语言向度是文本生产过程中的三个向度。认知向度包括人的认知、框架、图式、脚本等。社会心理向度包括性别、文化、言语情景、阶级成员、个性等先决条件。人的认知、框架、图式就是在这些先决条件下产生的。语言向度是文本的最终语言学形式。

总之，批评话语分析的几个主要研究方法从不同的角度对"话语"进行分析。（1）从理论基础上看，费尔克劳的社会文化分析法与社会理论、系统功能语法关系十分紧密，而范·戴克和沃达克从认知的角度，基于社会心理学和人类文化学进行分析。（2）对语境的解释方面，费尔克劳从社会文化的角度解释语境，范·戴克从社会认知的角度解释语境，沃达克从历史的角度解释语境。（3）从分析角度来看，费尔克劳和范·戴克多为同一历史时期的横向分析，而沃达克融入历时分析。（4）从语料的角度看，费尔克劳和范·戴克的分析通常选择一两个典型语篇进行，而沃达克的分析语料选择充分，具有小型语料库的特点。

（五）批评话语分析在中国的发展

近年来，批评话语分析在国内已成为一个重要的研究方法和领域，期刊关注度高，学界不断加强在该领域的合作与交流。辛斌、田海龙、丁建新、纪卫宁、施旭、钱毓芳、唐丽萍、朱晓敏等学者都在批评话语分析领域做出了很大的贡献。

1996 年起，辛斌发表了一系列相关论著，引进和介绍了西方批评话语分析理论，对新闻语篇的互文性和对话性进行了大量的批评话语研究，并详细梳理了批评话语研究的目标、方法与动态。

田海龙（2002）把注意力放在政治话语的研究上。他指出，研究政治话语不仅仅是研究语言本身，还要研究"政治活动参与者如何运用语言达到自己的政治目的以及公众如何通过他们使用的语言认识这些政治活动的参与者"。

施旭（2006）认为中国应该建立有中国特色的话语研究体系和团队，担负起自己的社会文化责任。丁建新（2007）对童话叙事中的性别问题进行了研究。他认为童话中的性别问题其实暗示了拥有与统治的权力关系，体现了资本主义对女性的控制与束缚。

钱毓芳（2008，2010）、唐丽萍（2011）、朱晓敏（2011）等开始将语料库语言学和批评话语分析相结合来研究话语。钱毓芳用语料库话语分析的方法对《人民日报》和《太阳报》中关于恐怖主义的话语进行比较研究。朱晓敏（2011）选取2000—2009年间的《政府工作报告》和其英译本作为研究对象，考察了意识形态对译者选择第一人称复数的影响。语料库话语分析包括搭配、关键词、词表、分布等，揭示语言使用中的结构和规律，以找到具有显著意义的特征，极大地拓展了批评话语分析的空间。但是它们的问题也是显而易见的，语料库是去语境化的数据，而语境分析恰恰是批评话语分析中最关键的一部分，话语是社会实践的一部分，不了解话语生产者和受众的社会语境就很难对他们的意识形态和权力关系进行分析。

国内外大批学者对批评话语分析进行研究，或着重理论分析或利用批评话语分析作为研究方法对语篇进行解读，分析语篇反映的社会现象，探索语篇对社会的构建意义。其中将批评话语分析方法用于分析新闻报道中的媒体话语表达的例子屡见不鲜。

二、积极话语分析

（一）积极话语分析的概念

积极话语分析是旨在研究社会问题的跨学科研究，也被研究者用来进行传播学和语言学的交叉研究，具有很强的社会属性。不同于批评话语分析，积极话语分析是分析具有鼓舞和鼓励作用的话语。积极话语分析的出现是对批评话语分析的补充。胡壮麟（2012）认为积极话语分析与批评话语分析是一种互补关系，并从现实的批评话语分析与非现实的批评话语分析的互补、解构与建构的互补、坏消息与好消息的互补、概念意义与人际意义的互补等方面论述了这种互补关系。

（二）积极话语分析的来源和发展

积极话语分析来源于马丁提出的分析那些"我们喜欢的话语"，据此他提出积极话语分析这个术语，认为可以实现对批评话语分析的补充。1994 年，马丁在悉尼大学讲学时，比较完整地提出了"评价系统"模式。1999 年，马丁在英国伯明翰批评话语分析国际研讨会上宣读了《积极话语分析：团结和变化》的论文，在国际上开始了积极话语分析的研究。积极话语分析于 2006 年被介绍到中国学术界。积极话语分析是对批评话语分析的补充（朱永生，2006）。2007 年，黄会健、冷占英、顾月秋发表了影响深远的《话语分析的建设性转向——从批评话语分析到积极话语分析》一文。马丁（1999，2002）运用系统功能语言学的分析方法，对南非总统曼德拉的自传《漫漫自有路》的最后六段进行解读，使我们看到了曼德拉如何使这篇文章感动人，对这篇文章的反应只能有一个词：优雅。至今，我国主要期刊和学报已刊登主题为"积极话语分析"的多篇论文。积极话语分析为我国语篇分析，特别是评价理论的应用展现了新的视角，取得丰硕成果。

早期评价理论思想指导下的批评话语分析主要是揭露或解构话语底层的涉及权势和统治者意识形态在语言上的表达，显然这样的评价理论需要用能反映处于劣势的、为争取平等地位的、为谋求社会共同和谐发展的积极话语分析补充。积极话语分析的出现，使评价理论对话语分析能做出全面的贡献。但这并不意味着积极话语分析优于批评话语分析。马丁并不是要用积极话语分析替代批评话语分析，用他自己的话说，"我力争的是我们需要一个补充的重点，考虑如何使人民聚集在一起，在世界上有自己的空间——使权力得以重新分配，而不一定要通过斗争。我提出一个关于语言和语义生成的补充视角"（马丁，2002）。

以上讨论可以明确知晓积极话语分析的提法使我们注重分析和发现话语中蕴含的鼓舞人心的意义。它的出现是为了对专注于"批判"的批评话语分析进行补充，使话语评价理论更加完整。

（三）积极话语分析的研究范围

与批评话语分析相似，积极话语分析主要分析真实的社会言语交往活动，关注的范围包括与语篇和语篇生成有关的社会问题，涉及各个社会因素。它也透过语言探究各种社会问题，比如，媒体、司法、商务、教育等领域中的情况（辛斌，高小丽，2013）。积极话语涉及的社会因素并不少于批评话语分析。作为批评话语分析的补充，积极话语分析通过分析给人以鼓舞的话语，力图营造一种氛围，以共同努力，实现既定目标，塑造美好的形象。

（四）积极话语分析与批评话语分析的区别

以费尔克劳、范·戴克、沃达克为代表的批评话语分析家有一个共同的特点，都以社会问题尤其是种种不平等的现象为研究对象，通过话语分析，将社会冲突归咎于权力因素。批评话语分析的最大贡献是通过解剖大量而具体的真实语料，以客观的语言证据和详尽的分析，向人们揭示话语与权力之间的关系，达到对社会制度进行解构的目的。但是，这种动机在一些语言学家看来是过于消极的。

　　1996 年，卡尔达斯－库特哈德（Caldas－Coulthard&Coulthard）对批评话语分析的现状表示不满，他希望批评话语分析家们能"影响世界、改造世界，并帮助创建一个没有性别歧视、肤色、种族、年龄和社会阶级歧视的世界"（辛斌，高小丽，2013）。克雷斯（Kress）于 1996 年指责批评话语分析只是对有关的社会组织、社会行为和涉及的人进行批评，但没有提出过任何积极的改进方法。他强烈建议把话语分析从批评阅读、分析和消极的行为改变为建设性行为。2000 年，克雷斯指出，有必要对话语分析提出一个"新的目标，不是批评，而是设计（design）"。所谓设计就是抛开前人的消极做法，通过有意识的语篇分析，规划一个美好的未来。马丁认可对批评话语分析只关注消极揭露，不考虑积极创建的倾向的观点，他认为有必要建立一个能与批评话语分析彼此互补的"积极话语分析"体系。

　　积极话语分析与批评话语分析的区别主要表现在动机不同。批评话语分析家对社会现实一般都采取揭露和批评的态度。而积极话语分析认为仅仅满足于揭露和批判是不能解决实际问题的。他主张话语分析应该采取积极友好的态度。这个积极友好不仅适用于自己的对立一方，其目标在于通过这样的分析，最终塑造一个美好的形象，建成一个宽松、和解、共处的人类社会。积极话语分析通常还选择那些提倡和解与团结的语篇作为分析的语料，但是积极话语分析也可用于批评话语分析最感兴趣的语篇。也就是说，有一些语料既可以进行批评话语分析也可以进行积极话语分析。分析方法可以涉及语篇、句子和词汇等多个维度，并且十分关注语境的作用。

三、批评话语分析与媒体表达研究

新闻语篇一直是批评话语分析十分青睐的对象。媒体表达是传播者通过媒介把话语（语言符号和非语言符号以及它们所包含的意识形态和社会权力关系）传播给受众以达到一定传播效果的行为。批评话语分析用于对媒体表达的研究就是通过分析新闻语篇的语言特点和它们生成的社会历史背景来考察语言结构背后的意识形态意义和社会权力关系，进而揭示意识形态对语篇形成的影响和语篇对意识形态的反作用。

在使用新闻语篇作为批评话语分析对象的研究中，大多数研究用了费尔克劳的三维分析框架，这些研究包括辛文（2003）在批评话语分析的理论框架下对英国《卫报》关于叶诗文在伦敦奥运会上获游泳金牌的报道进行分析，以费尔克劳的话语三维模式为基础从三个层面对新闻语篇进行分析。借鉴韩里德的系统功能语法的分析工具，从及物性入手进行文本分析；通过引述话语来源和引述方式对语篇的生成过程进行话语实践分析；从社会、历史、文化的角度对语篇反映的意识形态意义和权力关系进行解读是第三层面的社会实践分析。

占丽凤（2012）对《中国日报》海外版与《纽约时报》关于对台军售报道进行批评话语分析，从费尔克劳三维分析框架的文本分析、言语实践分析和社会实践分析三个层面展开讨论。具体来看，文本层面从及物性、情态和词汇选择进行考察，话语实践层面通过引述来源和引述方式分析新闻话语的互文性，社会实践分析是将话语放进社会文化语境中寻求对文本层面和言语实践层面的解释。

黄珍（2012）用批评话语分析的方法对灾难新闻进行研究，也采取了费尔克劳的三维话语分析视角，但是，她的分析切入点更加具体。第一维度的文本分析中，她从文本的篇章层面（前置）、句子层面（及物性、主题以及情态）和文字层面（措辞）进行分析；第二维度的言语实践分析中，从消息来源和转述方式入手进行研究；第三维度的社会实践分析中，着重解读事件的社会、经济和政治背景，以揭示意识形态意义和社会权力关系。

关恩娣（2012）利用批评话语分析方法来比较《中国日报》海外版和《纽约时报》关于日本大地震的报道，也借助了系统功能语法的分析框架，对语篇的四个系统进行分析，这四个系统为：分类系统（涉及词汇的选择）、情态系统（时态、直接和间接引语和模糊语）、及物系统（物质过程、言语过程和关系过程）和转换系统（涉及名词化和被动化）。该研究也发现新闻记者巧妙地使用语言来阐释对某一事件的观点，表达了他们所代表的权力集团的观点。

相关的研究还包括对《华盛顿邮报》和《中国日报》关于中国划设东海防空识别区新闻报道的批评话语分析（肖丽娜，2014），卡梅伦挽回苏格兰演讲的批评话语分析（张湘雨，2016），中美空难新闻报道的批评话语分析（吕丹，2016）。近年来，随着语料库批评话语分析的兴起，一些学者利用这一方法研究媒体话语，比如，英国《太阳报》关于恐怖主义话语的主题词分析（钱毓芳，2010）、英美主流报纸关于"中国梦"的话语建构研究（钱毓芳，黄晓琴，2016）等。相关的经典研究还包括范·戴克的《精英话语与种族歧视》。

很明显，批评话语分析被认为是分析新闻语篇和阐释社会现象的有效工具，因为它关注语言如何反映社会现实，又关心语言对社会现实的构建作用，能够很好地揭示话语背后的社会现实、意识形态、社会权力关系。同时，媒体话语表达无论是对社会问题的负面批判，还是对社会状况的正面褒扬，都有着深刻的社会属性。费尔克劳的话语三维模式：文本分析、话语实践分析和社会实践分析常常被学者用于媒体表达的分析中。

四、批评话语分析与女性议题研究

首先，女性议题是充满社会属性的议题，用批评话语分析来进行女性议题的研究非常适用。因为批评话语分析本质上是"以问题为取向的跨学科研究方法"，它所关注的不是语言本身，而是复杂的社会现象。另外，上一节批评话语分析与媒体表达研究的文献梳理表明：媒体话语表达，无论是对社会问题的负面批判，还是对社会状况的正面褒扬，都有着深深的社会属性。新闻语篇可以理解为用于表现一个社会基本状况的语言符号和非语言符号，因此是我们用于分析女性议题的最佳文本之一。

将批评话语分析用于女性议题的研究通常有一个基本出发点：社会性别是一种社会构建，在交际过程中有话语构建、协商或挑战（廖益清，2008）。女性主义的后结构主义话语分析强调话语的绝对构建性。而关于社会性别的批评话语分析就是要强调这种辩证关系：语言积极地表征社会，因此语言既创造了社会，也被社会所创造。在讨论批评话语分析的精髓和本质时，就指出了社会构建的概念对于批评话语分析至关重要。

拉克夫和斯彭德指出早期的女性主义认为在男人与权力、女人与没有权力之间存在相对简单的关系（Lakoff 1973/1975；Spender 1980）。现在极具影响力的是福柯的权力关系构想，他避免了简单的二元对立关系，以更加复杂的方式研究权力关系，他认为权力关系不是对话发生前就已经分配给参与者的固定社会角色，语言是权力可以被挪用的一个领域。

国外学者从语用学、语义学、系统功能语言学角度对性别议题进行了批评话语分析。用于分析的文本类型包括法律话语、职场话语、课堂话语、广告话语，以及小说话语等。

欧利希（Ehrlich，2001）运用语用学中的话语行为理论对性骚扰法律话语进行了批评话语分析。他通过对被告"非能动语法"、原告"无效能动语法"、被告和原告之间的问答序列，以及原告行为缺乏适当抵抗性预设的分析指出：社会性别身份是由操纵性骚扰事件审判过程的意识形态框架过滤生成的，因此对社会性别的表演性研究必须注意到法律机构是如何制约和塑造社会性别表演行为的。

霍姆斯（Holmes，2005）通过对指令、模糊、犹豫、中断等语用学常见范畴的分析，探讨了工作场中社会性别与权力之间的互动。他指出虽然占据权势位置的女性在数量上有明显的增长，但没有证据表明在分析工作场所的交际时不需要考虑社会性别。雷灵格（Remlinger，2005）分析了课堂谈话，以探讨其语义和语用内容。语义分析包括描述、定义、委婉语、贬义词以及描写女性外观的语言。语用分析包括中断、沉默、延伸、话题控制、评价等对话策略。而这些策略决定对话中存在何种权力关系。塔尔博特（Talbot，1995）从动词的及物性探讨了科幻小说中的社会性别构建。及物动词与不及物动词的不同分布表明了角色的主动性或者被动性。研究发现：男主角的行为往往用及物动词表征，而女主角的行为往往用不及物动词表征。

一些研究从系统功能语法的视角对性别议题进行批评话语分析。其中，拉扎尔（Lazar，2000，2002，2005）运用韩里德的系统功能语法概念对新加坡全国广告运动中异性恋和社会性别关系的构建进行了多模式分析。他发现这些广告中同时存在着两种对立的关于社会性别关系的话语，第一种是育儿领域的两性平等社会性别关系话语和传统社会性别关系话语。但两种话语的区别并非那么清晰，而是相互交织，极大程度地维护了传统社会的性别秩序。他得出结论：女性"以他人为中心"已经被自然化，这已经成为异性恋过程中女性特质的精髓，呈现在恋爱、结婚、育儿的整个过程中。女人在自己的一生中把所有的精力放在男人、孩子身上或者有利于社会和家庭，但是制约了她们自身的选择和发展。在广告中，父亲的表现看似进步，其实表面上的进步并没有打乱文化上异性恋常规的社会性别秩序。拉扎尔还将视觉图像的概念意义分为两种——叙事的和图像的来进行研究。在涉及人际意义的方面，对表示社会亲密度的特写镜头进行分析，以及根据图像相对尺寸大小和聚焦清晰度以反映其突出程度的图像构成分析。

作为批评话语分析流派的主要代表沃达克，他从话语历史分析的角度，建议把有关社会性别关系的话语放在语境中研究。有研究者观察在美国三所中学里，老师用小说指导学生学习时，鼓励性别化阅读实践，向女生推荐浪漫小说，同时鼓励男生阅读冒险神秘类小说。老师的性别化意识无形中对小说中拥护的男性气质、女性气质给予了肯定。小说话语是社会的产物，被当成是消费品使用，反过来又影响人的思维精神构建，定义了女性将来作为妻子或母亲的角色扮演，帮助重新生成传统劳动分配。

中国许多研究者也尝试用批评话语分析研究性别议题。批评话语分析对象的性别议题相关语篇包括广告、教材、童话故事、影视剧的话语和期刊里的话语。

陈立娟（2014）和于建红（2009）就把分析对象聚焦在性别议题相关的广告上。陈立娟对188则英文广告语中的性别差异进行分析，帮助读者及观众发现隐藏在广告话语中的意识形态。对广告语中的词汇、句型、主位结构、及物性进行分析，揭示了广告如何通过性别语言来塑造男女形象。研究发现：广告策划者主要采用陈述句和祈使句、物质过程和单项主位等结构来描述男性的理智和权威形象；而多使用感叹句和疑问句、心理和行为过程来构建女性的敏感和顺从等社会性别定型。于建红（2009）也从批评话语分析的视角对 30 多则针对男性的广告和 30 多则针对女性的广告，从及物性、情态、人称代词和视觉形象四个方面进行了分析，发现性别歧视现象以更加隐蔽的方式存在。

把教材作为批评话语分析材料的有龚云娟（2011）和郭媛媛（2016）。龚云娟（2011）运用批评话语分析理论，对教材在性别方面的呈现方式进行分析，指出教材文本中存在着明显的性别刻板印象，这对儿童和学生的社会化过程造成极大影响。郭媛媛（2016）在批评话语分析的视角下对人教社版小学教科书《语文》中的童话故事进行性别歧视研究，试图通过揭露语言故事中的性别歧视，促进社会进步，并从作者、出版社、使用者的角度对消除童话中的性别歧视提出可行性建议。

童话故事中的性别议题也是一些批评话语分析学者关注的焦点。李汝幸（2013）和刘越（2014）用此方法对童话中的性别话语的构建进行研究。她们通过不同的童话语料，探讨了童话中的以男性为主导的性别观，通过主角行为的及物性分析，对主角作为社会活动者如何被表征出来进行阐释。

影视剧中的性别话语能够更好地用于阐释男女平等、社会权力关系。杨奥琳（2016）从 HBO 出品的政治情景剧《副总统》第二季中选取话语，针对剧中女主角赛琳娜·梅耶尔的性别身份构建展开文本分析，结合女权主义理论、批评话语理论和系统功能语法理论来阐释性别身份的构建过程。郑文文（2016）研究了文学作品《劝导》中隐含的权力关系、性别不平等现象以及女性为争取自身权力而进行的抗争。通过解析男女对话中女主人公的语言变化，发现女性为挑战男性主导地位，争取自身话语权做出的努力。钟翠芳（2010）对文学作品《纯真年代》中的性别关系进行研究，分析了男女主人公之间跨性别谈话的及物性、语气和情态，并指出女性可以通过语言来抵抗不平等权力关系。

耿颖资（2013）对世界知名女性杂志《嘉人》和男性杂志《时尚先生》中的广告、标题和建议栏中的语言进行批评话语分析，主要涉及分类、及物性、语态、情态、人称等方面，并加入定量分析，用 Wordsmith 和 Word 2003 的查找功能及人工核查来统计词汇、及物性过程、情态、语态、人称在作品中的频率。研究发现，女性仍旧处于从属地位，她们在杂志中被物化，放在了被观望的位置。

李娜（2017）以语料库和批评话语分析的方法，研究《人民日报》1950—2015 年间所刊发的妇女节社论评论发现：高频词在中国女性媒体形象构建中发挥了能动作用，而且和具体的历史社会背景相关联，不难看出，中国妇女形象作为一个动态主体，经历了从被解放者到参与者再到能动者的进步，经历了从去性别化到性别化的过程，而这应和了建构主义理论所主张的"身份是建构和变化着的"观点。

以上批评话语分析视角下女性议题研究的文献梳理说明：第一，用批评话语分析来进行女性议题的研究具有适用性。批评话语分析本质上是以"问题为取向的跨学科研究方法"，无论关心性别权力关系还是性别相关议题的社会现实构建，它关注的不是语言本身，而是复杂的社会现象。女性议题本是充满社会属性的议题，常常因各国制度不同、文化价值观不同、发展速度不同而不同，批评话语分析可以用以分析性别议题相关话语的社会意义。话语一方面反映了女性议题的相关社会现实，同时又构建了相关的社会现实。话语的社会构建性决定了批评话语分析研究对性别议题的适用性。第二，通过不同类型的文本如法律、职场、课堂、小说、广告、教材、童话故事、影视剧话语和杂志话语，可以讨论男女平等问题、性别观的构建问题、女性权利问题、女性发展问题等一系列问题。同样，新闻语篇以及媒体话语表达，无论是对社会问题的负面批判，还是对社会状况的正面褒扬，都有着深深的社会属性，可以理解为表现一个社会基本状况的语言符号和非语言符号，因此同样是我们用于分析女性议题的最佳文本。因此，在批评话语分析视角下进行女性维权议题媒体表达研究具有可行性和科学性。

第三节　批评话语分析下的女性维权议题

女性议题涉及面广泛，如男女平等问题、女性生育问题、健康问题、维权问题、女性发展问题都包括在内。在国际传播中，由于各国制度特点不同，各国的性别文化不同，在相同问题上的发展水平不一致，国际受众的解读角度有差异，女性议题往往成为国际社会饱有争议的议题。利用批评话语分析的方法研究外国媒体和中国涉外媒体不同的新闻话语表达能力和价值取向，分析产生争议的原因，揭示因差异性而产生的误读误判，提出构建积极反映中国社会发展现实的话语体系也是将批评话语分析方法用于性别议题媒体表达的主要原因。

比如，在女性维权议题上，中美两国有着不同的发展进程、社会文化价值观。自改革开放以来，女性维权问题受到了党和国家的高度重视。女性维权工作与经济社会发展同步，与社会主义民主法制建设同步，取得了长足的进步。中国的女性维权与发展工作实现了法制化、社会化、广泛化、规范化、事实化。美国的女性维权工作开始得很早，以 1920 年美国女性取得选举权为一个重要标志。

早在 1994 年，美国国会批准了《针对妇女的暴力法案》，这是美国针对家庭暴力犯罪最重要的联邦法律，这一法案将基于性别的暴力视为对公民权利的侵犯。《中华人民共和国反家庭暴力法》于 2016 年正式开始实施，从时间上看，两国的女性维权工作进程有较大差距。

从文化价值观上看，美国一直认为中国的家暴问题与其封建家庭文化中的男尊女卑、男权至上、"棍棒出好人"等社会文化相关联，中国很难脱离其文化对它的影响；加之在反家暴历史进程上两国差异明显，美国反家暴立法早于中国多年，目前两国的反家暴进程依然有很大差距。本研究搜索到的报道文本显示：《纽约时报》带着社会文化和意识形态偏见，在报道中国反家暴议题时的媒体表达与中国社会反家暴实际发展状况不匹配。对《中国日报》海外版和《纽约时报》女性维权议题报道进行批评话语分析后我们认识到：在此议题上媒体话语和社会实际之间的不匹配性及其成因。通过报道的语篇、句子和词汇分析，揭示美国在新闻报道中对中国反家暴进程的负面态度，并结合社会背景和文化差异解释负面态度产生的原因。不难看出，美国媒体因为社会发展进程和文化价值观与中国相异，其媒体话语与中国社会现实不符，而中国涉外媒体缺乏对外国媒体误读误判的有效回应，同时话语表达能力和技巧尚有待进一步提高，这些都对我国媒体国际竞争力产生一定影响。本研究通过两篇报道的对比研究，思考中国涉外媒体在讲好中国女性维权故事时的话语策略。

第四节　积极话语分析下的女性发展议题

女性发展议题与女性维权议题一样，是具有国际争议性的女性议题。

中美两国女性解放与发展之路经历了不同的过程。20 世纪 20 年代初期，美国女性开始摆脱男权社会，有了思想进步的萌芽；同一时期的中国广大女性仍然深受性别不平等歧视的影响。20 世纪 20 年代中期，美国女性的思想更加先进，视野更加开阔，阅历也比之前更为丰富。美国女权主义进入探索阶段，一系列体制也更加完善。而中国刚刚开始有女性主义的概念，男尊女卑和封建思想在中国女性脑海中深深扎根，男女平等仍是幻想。20 世纪八九十年代，美国女权主义取得胜利，女性完全得到解放，她们在社会、经济、政治上取得了平等地位和合法权益，女性的社会平等意识逐渐增强，整个社会洋溢着男女平等、尊重、和谐的氛围。相比较美国，中国女性开始意识到自己深受男权的压制和迫害，开始寻求自己应有的权益和社会平等。到 21 世纪初，中国的女性解放和发展逐步完善，女性平等开始广泛深入。两者对比，中国的女性发展历程虽落后于美国，但是，通过不懈努力，女性思想的不断创新，女性解放在中国已经取得了胜利。

两国虽然发展进程不同，但近十年中国女性解放和发展的速度有目共睹，得到国际社会的广泛认可，优秀中国女性企业家创立的企业对国际社会做出的贡献不容小觑，是国际媒体广泛关注的焦点，是国际媒体报道的重要内容。本研究对搜索到的《纽约时报》对中国女性发展议题相关报道以正面呈现为主，对中国女性解放与发展态势持积极态度。基于此，本研究对《中国日报》海外版和《纽约时报》在该议题上的报道进行积极话语分析，通过语篇、句子、词汇，以及具体新闻来源展开分析，结合中国女性发展的社会现实，关注《纽约时报》构建中国成功女性形象的媒体表达技巧，探索中国涉外媒体通过积极正面的话语表达，反映中国实现男女平等和女性发展的积极态势，总结构建中国女性美好形象的国际媒体传播路径。

第三章

女性维权议题的媒体表达与批评话语分析

第一节　女性维权议题的社会背景

改革开放以来，中国女性维权问题受到了党和国家的高度重视。全国妇联一边促进发展一边推进维权的工作方针，在服务大局、服务基层、服务妇女中准确定位维权工作，代表和维护女性权益，女性维权工作与经济社会发展同步，与社会主义民主法制建设同步，取得了长足的进步。

第一，女性维权工作进一步法制化。改革开放以来，全国妇联积极开展调查研究，主动跟进国家立法和政府决策，不断完善保障女性权益的法律政策体系。1980 年第二部婚姻法制定，1992 年妇女权益保障法制定。2001 年在婚姻法修订中，全国人大采纳了妇联"坚决遏止重婚纳妾、包二奶""禁止家庭暴力"等五个重要立法建议。2005 年修订妇女权益保障法，"实行男女平等是国家的基本国策"在该法律中被进一步确定。妇联联合多部委出台《关于预防和制止家庭暴力的若干意见》。2015 年 12 月 27 日第十一届全国人民代表大会常务委员会第十八次会议通过《中华人民共和国反家庭暴力法》，该法律于 2016 年 3 月 1 日起施行。

第二，女性维权工作进一步社会化。1990 年，成立国务院妇女儿童工作协调委员会，先后制定颁布了《中国妇女发展纲要》（1995—2000年）、《中国妇女发展纲要》（2001—2010年），并纳入国民经济和社会发展的总体规划。女性维权相关行政机关和社会群众团体共同开展工作，推动解决妇女权益的各种问题。女性维权协调机构在28个省、自治区、直辖市建立起来，其中25个省区市建设了县一级女性维权协调机构，并有省级以下女性维权协调机构近2600个。

截至2009年，各级法院建立"维权合议庭""反家暴合议庭"3200多个，近8000名妇联干部担任了人民陪审员，最高人民法院还出台了《涉及家庭暴力婚姻案件审理指南》。成立打击拐卖女性犯罪办公室，同时增加了12000多个家庭暴力投诉站和报警点。

第三，女性维权工作进一步广泛化。女性保护宣传教育积极推进，妇女的法律意识和维权意识不断增强。广大妇女群众积极参与宣传教育活动。每年"三八"妇女维权周、"6·26"国际禁毒日、"12·1"国际艾滋病日、"11·25"国际消除对妇女暴力日、"12·4"法制宣传日等重要节日，全国妇联通过开展咨询、讲座、知识竞赛、文艺会演、模拟法庭等活动，以增强妇女维权意识，使女性维权工作不断广泛化。各大媒体广泛覆盖，传播普及与女性维权相关的内容，全社会的女性维权意识在此环境下不断增强。2005年全国妇联、司法部联合开展的"妇女法律素质和法律需求调查"结果显示，对妇女权益保障法的知晓率，城市达到96.4%，农村达到93.8%；对婚姻法的知晓率，城市为98.4%，农村为98.5%，广大妇女的法律意识不断增强。

第四，女性维权工作进一步规范化。通过建立女性利益协调、诉求表达、矛盾调解和权益保障四大机制，增强女性维权工作的科学性和规范性，实现女性维权工作的制度化和规范化。全国妇联信访工作会议于2007

年召开，梳理女性利益协调、诉求表达、矛盾调解和权益保障四大机制的建设思路。2005 年，女性维权公益服务热线 12338 和反家暴热线 16838198 开通，女性维权工作在不断的进步中实现规范化。

第五，女性维权工作进一步事实化。全国妇联积极开展社会公益事业，关怀救助弱势女性。截至 2009 年捐建春蕾小学 400 余所，共资助女童 170 万人次；推进"母亲水窖"建设，派发"母亲健康快车"400 多辆，受益群众达到 800 多万人次；发起"'12·1'关注孤儿万户爱心家庭公益行动"，获得中国移动公司 5000 万元善款，开展"中国温暖'12·1'爱心基金——中国移动关爱行动"，帮助艾滋病致孤儿童改善生存状况和生活环境。通过多渠道募集资金，为弱势女性提供了切实有效的维权服务。女性维权历程告诉我们，女性维权工作在促进男女两性协调发展、维护社会和谐稳定中起到了不容忽视的积极作用（蒋月娥，2009）。

我国历来高度重视女性工作，切实维护女性的合法权益。经过长期不懈的努力，中国妇女解放事业取得了辉煌的成就，如今的中国女性享有了几千年来从未有过的平等权利，在政治、经济、文化教育、婚姻家庭、社会生活等方面的状况都发生了翻天覆地的变化；儿童生存、保护与发展的环境也在显著改善。这些女性维权方面的变化在中国历史上是有划时代意义的，在世界上也是令人瞩目的。

第二节　女性维权议题中的反家暴议题

反家暴议题是具有典型性的女性维权议题。我国的反家暴实践发生在 20 世纪 90 年代。1994 年 10 月，我国第一条家庭暴力投诉热线在北京开通；1996 年，辽宁锦州建立了"110"家庭暴力报警中心。20 世纪 90 年代后期，NGO 建立了"反家暴网络"，为妇女提供法律援助、个案干预、性别培训以及传媒监测等服务。2000 年，全国首家反家庭暴力的专门机构"反家暴工作小组"在北京成立，人们的防范意识不断加强，逐渐形成反家庭暴力社会网络。进入 21 世纪以来，随着家庭暴力的逐渐外化和认识的深化，反家暴已经成为很多妇女 NGO 救助的主要主题。110 个家庭暴力报警中心、庇护所、家庭暴力伤残鉴定中心、维权法庭、维权合议庭、妇女法律援助机构、反家庭暴力举报站成立。同时对反家暴的预防举措也不断兴起，比如，夫妻暴力的健康心理教育及预防夫妻暴力发生的心理辅导训练。

在 20 年预防和干预实践的过程中，从社会的漠视到关注，从对预防的忽视到全民齐动员，从零星的个案帮助到反家暴网络化救助机制的形成，从非专业、单独的情感支持或物质支持到为妇女提供危险预防、暴力庇护、法律援助、心理疏导、意识提升等综合性、半专业性的服务，我国反家暴的实践取得了较为显著的成绩。

在法律层面，我国正在形成一套包含国际、国家、地方三个层次的保障体系。在国际层面，我国政府已经签署了联合国《消除对妇女一切形式歧视公约》《禁止酷刑和其他残忍、不人道或有辱人格的待遇或处罚公约》以及其他相关国际人权的文书。

在国家层面，我国已经对反家暴立法。2016 年 3 月 1 日，《中华人民共和国反家庭暴力法》正式施行，截至 2018 年 3 月 1 日，该法在基层贯彻落实刚好满两年，综合来看，既有不少收获，也存在一些不足，需要进一步改进和完善。

在地方层面，我国第一个反家暴的地方性法规是湖南省人大常委会实施的《关于预防和制止家庭暴力的决议》。在这之后，天津、福建、甘肃、海南等28个省区市也先后出台了反家庭暴力的地方性法规。这些规定明确界定了家庭暴力的范畴、防治原则、保护内容、保护方法以及处罚规定，在具体制度上施行特邀陪审员、快速出警、排查预警、家庭暴力问题投诉接待接警处理、家庭暴力受害人紧急庇护制度等一系列相关规定。地方上法规也在一定程度上弥补了我国现有国家反家暴立法的缺失和操作上的不便（李莹、刘梦、辛欣，2013）。

我国的反家暴实践取得了许多值得骄傲的成绩，但是，这些成绩并不为国际社会所知。美国的反家暴进程开始较早，1994年，美国国会就批准了《针对妇女的暴力法案》，这一法案是美国针对家庭暴力犯罪最重要的联邦法律，将基于性别的暴力视为对公民权利的侵犯。美国在看待中国的反家暴问题时，受到自身社会历史文化和价值观的影响，对中国的社会现实认识不足，在新闻制作上用不太恰当的价值观和框架来报道中国反家暴议题，与中国的社会发展现实不相匹配。

第三节　批评话语分析视角下
中国媒体女性维权议题媒体表达

一、文本维度的词汇与立场分析

笔者通过关键词 anti – domestic violence or anti – family violence in China 对《中国日报》（海外版）近12年（2006—2018）关于中国反家暴相关报道进行搜索，发现与《纽约时报》相似，一些报道也把在中国最为熟知的"反家暴立法"与"女童保护"放在一起来讨论。本研究需要着重分析文本的叙事特征、句子和词汇等微观特征，以揭示深层的社会文化意义。因此，本文从搜索到的文稿中选取两篇有叙事性的报道着重分析。第一篇报道"Divorce granted in Crazy English founder case"讲述了疯狂英语创始人李阳家暴案始末。这是 2013 年 2 月 3 日在《中国日报》海外版上的一篇报道。第二篇报道"Better promote and enforce law to protect female children"讲述了中国反家暴立法是一项积极保护儿童的法律。这是 2016 年 4 月 22 日在《中国日报》海外版上的一篇报道。

在文本分析中，主要从文本的篇章层面（叙事结构分析、新闻图式），句子层面（及物性、主题、修辞、引语）和文字层面（词汇的选择）进行分析。

（一）《中国日报》海外版文本的语篇分析

新闻话语分析的一个重要方面是语篇分析，而语篇分析的一个主要角度是语篇叙事结构分析。它被理解为叙事者在表述一个他所认为的问题，或者至少是相对于日常生活常规事件的一次非预期的、显著的或者有趣的事件或者行动。叙事结构分析还可以帮助我们理解如何通过讲好一个故事的方式说服读者，影响读者的认知和态度（范·戴克，2013）。

首先，本研究对第一篇报道进行语篇分析。

本研究从讲故事的五个因素——语境、角色、行为、方法、目的五个方面，对新闻报道的叙事结构进行分析（胡百精，2017）。

1. 语境分析

职业的说服者理应首先营造和调适语境，而后再决定说什么和怎么说①。避免三个错误：语境未成先说话、语境与话语错位、缺少语境还原。

例 1 Kim Lee was soon taken as the folk hero of China's battered wives. Lee's supporters gathered at the gate of the court with slogans during the four hearings, which were not open to the public at Li's request. The divorce proceedings lasted for one year. （翻译：Kim Lee 很快就被看成中国被家暴妇女的民族英雄。在四次听证会期间，Lee 的支持者拉着标语聚集在法院门口。因为李阳的要求听证会不对公众开放。离婚程序持续了一年之久。）

例 1 是对李阳家暴案的小语境描述。因为中国女性的传统思想认为被丈夫虐待是不该让外人知道的事，Lee 勇敢地把自己的遭遇公之于众，并积极寻求法律援助，为中国女性做出了很好的表率。

例 2 Domestic violence against women has remained in the shadows for a long time in China, where the culture holds that family conflicts are embarrassing and private matters. （翻译：在中国，妇女被家暴长期处于不见光的状态，因为中国文化认为家庭矛盾是让人尴尬的事情并且是隐私。）

A survey conducted by the Beijing High People's Court shows that about

---

① 2017 年，胡百精在他的《故事的要素、结构与讲故事的策略模式》中指出：没有语境的话语是无力的，营造语境是有技巧的说服者的第一要务。语境营造的三种模式是：恢宏与细微的对应，即"大 + 小"模式；平常与奇异对应，即"常 + 奇"模式；偶然与必然对应，即"偶然 + 必然"模式。

98. 6 percent of victims of domestic violence are female. （翻译：北京高级人民法院进行的一项调查显示98.6%的家暴受害者是女性。）

Most abused wives keep silent after the violence, and only 15. 1 percent of victims surveyed asked for help in their domestic violence cases, according to separate research by the Beijing Chaoyang District Court. （翻译：朝阳地区法院的独立研究表明，大多数被丈夫虐待的妻子都在事发之后保持沉默，只有15.1%被访的受害者在她们的家暴案后寻求帮助。）

"It is a cheerful phenomenon in China that a consensus is forming against domestic violence," said Liu Jiahui, a female lawyer who specializes in vulnerable groups. （翻译："在中国一个鼓舞人心的现象是大家对反家暴达成了共识"，一位专门关注弱势群体的女性律师刘家惠说。）

More and more victims are choosing to defend their rights by lawsuits. The Beijing High People's Court received 217 domestic violence civil cases in 2005 and 657 in 2011. （翻译：越来越多的受害者开始选择通过法律手段保护自身的权利。北京高级人民法院2005年受理了217起家暴民事案件，2011年受理了657起家暴案件。）

In spite of this, there is no specific national law covering the issue. The oversight is causing big headaches for Chinese judges in this kind of case as they have no unified judging standards and difficulty in obtaining evidence. （翻译：尽管如此，中国还没有专门的法律条款针对家暴问题。法律上的这一缺失给受理这类案件的法官带来了很多困扰，因为他们没有统一的判断标准并且很难获得证据。）

"Moreover, there is no social support system with effective interventions on domestic violence," said Liu. （翻译："而且，还没有能够进行

有效干涉的社会支持系统。"刘家惠说。)

例2的报道是对社会大语境的说明，主要有两个方面的情况。第一，反家暴立法的情况。李阳家暴案发生的时候，中国的反家暴还没有立法。这给受理此类案件带来了困扰，但是，相关部门已经意识到立法的必要性。第二，中国传统观念的影响。中国的传统观念认为家丑不可外扬，使很多女性不敢把自己遭受家暴的情况公之于众，或者寻求法律帮助。

这篇《中国日报》海外版的报道既有大语境营造又有小语境描述。突出表现了案件在中国引发关注的社会背景，同时说明在此社会背景下，个体行为如何影响社会群体认知。用事实说话，《中国日报》并没有避讳中国女性维权过程中存在的问题和传统观念对此产生的束缚，同时还强调了相关部门意识到立法的必要性，这是中国女性维权的一个进步。因此，该报道能够得到海外受众的认同。

2. 角色分析和行为分析

角色分析的时候，要着重分析人物的个性、价值观，以及这些对于报道整体表达效果的影响。行为分析是通过分析人物的语言和动作行为进而了解人物的特征和心理，行为可以从大格局上理解也可以从微内容上解读。看下面的例子。

例3　"Chinese woman must defend their own rights," said Lee, adding that she was satisfied with the sentence. （翻译：Lee 说，"中国女性要维护自身的权益。"这表明她对判决结果是满意的。）

例4　Li is known for creating the concept of "Crazy English," a method of shouting to memorize and practice the language. （翻译：李阳因创办"疯狂英语"而出名，疯狂英语是一种通过喊来记忆和练习英语的方法。）

例 5　He has been successful since starting his English – teaching business in China in the early 1990s. Lee used to be her husband's partner as an editor of the company's publication products.（翻译：自 20 世纪 90 年代初在中国创办英语教学起，李阳获得了很大的成功。Lee 曾经是李阳的助手，是公司出版物的编辑。）

例 6　Li did not appear in court for sentencing and his attorney said that he will liaise with his client about whether to appeal.（翻译：李阳没有在审判法庭上出现，他的律师说他会和他的当事人联络，商议是否上诉。）

例 7　The closely watched case was first exposed by Lee in August 2011. She posted pictures of her injuries at Li's hands on the Internet, accusing Li of abusing her several times.（翻译：这个被密切关注的案件首次在 2011 年的秋天被 Lee 曝光。她在网上发布了一些李阳打伤她的照片，控告李阳虐待她多次。）

例 8　A week later, Li apologized for beating his wife after the case triggered a wave of condemnation online. Li said that, "it was just a quarrel between couples."（翻译：一周之后，案件在互联网上引发了一片谴责，李阳也因打妻子而正式道歉。李阳说："那不过是夫妻间的一次争吵而已。"）

例 9　Kim Lee was soon taken as the folk hero of China's battered wives.（翻译：Kim Lee 很快成了中国被虐待妻子们心目中的英雄女性。）

例 3 和例 7 是对 Lee 的人格化描述和行为描写。从例 3 对 Lee 的语言行为描写中看出，Lee 作为美国女性对女性应该捍卫自己的权益的认识要早于大多数中国女性，这也是对她人格化描写的一个方面，她也因此成为

47

中国女性学习的一个榜样，为保护自己的权益而努力。例7看出Lee通过自身的行为再次表明了捍卫自身权益的决心，她甚至把自己被家暴的照片发在网络上，而这些行为大多数中国女性会有所避讳。例9是对Lee命运感的描写，因为嫁给了李阳，由于遭遇家暴，她勇敢地站出来把自己的遭遇公之于众，她成了中国被虐待女性心目中的英雄女性。例4、例5、例6是对李阳的人格化描述和行为描写。作为一个白手起家创业的人，李阳是一个成功商人，但是，他实施家暴，却在道歉的时候说这不过是一次夫妻之间的争吵而已。他这样的认知符合很多传统中国人的认知，觉得夫妻之间争吵甚至动手都是家里的私事，不足为外人道，更不该拿到法庭上去裁决。正是这样的认知放纵了他的行为，而这并不是一个人的问题，是整个社会的问题，需要我们去正视和解决。

3. 方法分析

我们都知道文本的界面对获得受众的认同有着直接、显著的影响。这篇报道以一张记者在法院门口围着Lee采访的图片开头，通过视觉符号，很自然地把读者的目光聚焦到女性在这起案件中的重要性。

报道接下来通过对案件审理经过和结果的描述，用具体的事例、数据、人物行为语言给读者展现了一个客观真实的李阳家暴案。从描写的篇幅比例来看，对案件本身的审理结果描述更加细致，人物行为和语言描写比较少。以下就是通过数据说话的例子。

例10 Li was ordered to pay his former wife 50, 000 yuan（＄7, 960) in compensation for her psychological traumas, confirmed to be results of his domestic violence toward her. （翻译：李阳被要求向自己的前妻支付五万元（7960美元）的精神损失费，以补偿她在遭受家暴中的损失。)

The court also ruled that Lee should retain custody of the couple's three daughters, and that Li should make an annual child support payment of 100, 000 yuan to each of their daughters before each turns 18. （翻译：法院宣判 Lee 保留对三个女儿的监护权，并且李阳在孩子不满 18 岁之前每年给一个女儿 10 万元的抚养费。）

The court judged that Li will keep the property registered in his name, the stock rights and the registered trademark of his company, while he should pay Lee a one - off sum of 12 million yuan in consideration of the property the couple shared. （翻译：法院裁决李阳的财产依然在他名下，保有股权和公司的商标注册权，同时考虑到夫妻共有财产，要向 Lee 一次性支付 1200 万元。）

例 10 是用数据说话的例子，接下来，报道对案件审理的小语境和大语境分别进行了说明，这一点在语境分析中已经进行过说明。总体来说，报道的界面清晰、简洁，但是，在人物行为和个性的塑造上用的笔墨较少，对事实的描述较多，在这一点上，不太能打动读者。

4. 目的分析

再来看一下这篇报道是否遵循多元主义的开放性原则。多元主义的信条，最基本的就是皆大欢喜，各得其所①。在这篇关于李阳家暴案的报道中，《中国日报》海外版作为面向海外受众的报刊，需要客观公正地陈述案件的经过和事实，可以看出，报道并没有掩饰中国传统观念给女性遭遇

---

① 2017 年，胡百精在他的《故事的要素——结构与讲故事的策略模式》中认为说服者应该承认和尊重受众在解读文本时的多元动机。他认为，说服不是让自己的意见成为唯一的意见，而是强调借由协商达成理解、共识和合作。多元主义的信条最基本的就是皆大欢喜，各得其所。

家暴时的维权带来的困难，也没有为中国成功商人李阳在家暴中的恶行辩护，这一点上符合海外受众认知，使海外受众感到《中国日报》海外版能够客观公正地对事实进行报道。同时，报道评价中国在女性维权方面做出的努力，突出中国通过反家暴立法为女性和弱势群体保护做了很多具体的工作，并指出在对家暴案件进行量刑的过程中，相关法律部门已经意识到反家暴立法的必要性，这些也是海外受众和中国受众都愿意看到的。这一点也同时体现了均衡说服原则。

其次，对第二篇报道进行语篇分析。

1. 语境分析

懂得营造适当的语境是一个好的新闻制作者应具备的素质。①没有语境先说话会影响表达效果。②语境与话语产生错位也会让读者产生很不舒服的阅读体验。③缺少语境还原，就好像事情只做了一半就停了下来，有虎头蛇尾的感觉。

例1　China's first law on domestic violence, which took effect on March 1, explicitly defines family abuse and streamlines the process of obtaining restraining orders. It urges the legal guardians of underage youths to educate them in a civilized manner, without using violence. Given the tragedy of the Shanxi girl, more proactive efforts to promote the new law are needed to better protect children from violence at home. （翻译：中国第一个反家暴法律于3月1日生效，具体地定义了家庭暴力，简化了获得禁令的程序。它敦促未成年人的法律监护人以文明的方式教育孩子，不使用暴力。鉴于陕西女孩的遭遇，我们需要积极努力推进新法，保护孩子不受家暴侵害。）

例 1 是新闻制作者对语境的营造。事件经过是一位父亲因为孩子放学回家晚并拒绝道歉竟然差点把自己的孩子打死，这件事发生在中国反家暴立法之后，父亲因触犯法律而被逮捕，所以报道中交代了反家暴生效的时间和内容，比如，把儿童保护也包含在内，并敦促未成年人的法律监护人以文明的方式教育孩子，杜绝暴力。在这样的语境之下，这位父亲会被逮捕并可能受到法律的惩处就不是意料之外的事。同时，我们也会注意到，这样的语境，即"反家暴立法"，其实是中国反家暴实践的一个重大进步，正因为有了这个进步，现在中国的女性和孩子如果在家遭受暴力，会得到社会和法律的保护。此类事件不再像以前一样被列为某个家庭的私事。如此营造语境，不但为故事本身做了铺垫，更是一种鼓舞人心的、积极的话语，真实地再现了中国在反家暴方面做出的努力以及在反家暴立法上取得的成绩。

2. 角色和行为分析

角色分析是分析人物的价值观、性格，但是还可以考察这些特质与整篇报道所要传达的意义和主题是否可以联系起来，有益于意义传达的角色塑造自然更理想。

例 2　An 11 – year – old girl in Hanzhong, Northwest China's Shaanxi province, was beaten to death by her father, because she refused to apologize for coming home late. Beijing Youth Daily commented on Thursday：

Arrested on charges of child abuse and intentional injuring of a minor, the abusive father in Shaanxi is not alone in dismissing the fact that beating their children is domestic violence. （翻译：中国西北地区陕西省的汉中有一个 11 岁的女孩，差点被爸爸殴打致死，只因她拒绝因放学回家晚而向父母道歉。《北京青年报》做了如下评论：陕西一虐待孩子的

父亲因蓄意伤害弱小、虐待儿童被控告并逮捕，他不是唯一一个不知道打孩子属于家暴行为、构成犯罪的家长。）

例2是对该报道主要事件中的主要人物进行刻画。首先是11岁的小女孩，她的遭遇是：仅仅因为拒绝解释回家晚的原因险些被自己的父亲殴打致死。对人物的刻画十分简单，没有具体细节，只有人物年龄简单介绍。另外，实施家暴的父亲的行为介绍也极为简单。这篇报道总体来说没有把报道重点放在人物性格和行为介绍上。

3. 方法分析

这篇报道以李克强总理于2014年5月30日在北京八一儿童医院看望了一位生病的小朋友，小朋友送了他一幅自己的画，李总理也在儿童节前夕对孩子们表达了他的祝愿为开头。这样的界面设计给人十分亲切的感觉，总理如此平易近人，亲自到医院看望小朋友；而一个国家总理的姿态基本就是这个国家政府的姿态，受众很容易感觉到中国政府关心儿童，在儿童保护方面做出的积极努力。

另外，报道通过一个事件用最简单的方法告诉大家过分体罚孩子属于家暴行为，要受到法律惩处。如例2所示。

例3　According to a 2014 survey by the women's federation of South China's Guangdong province, over 37 percent of the surveyed residents still believe there is nothing wrong in beating their own kids.（翻译：中国广东省妇联2014年进行的一次调查表明，37%的被调查者依然不认为打骂孩子有什么错。）

例3通过一个调查客观地反映了中国普遍还存在家长认为体罚孩子不是错的问题。那么，如何来解决这个问题呢？紧接着，报道用评论的方式说明了"黄荆条下出好人"的传统观念已经过时，是对儿童基本人权的侵犯，这一点上完全认同西方人的看法，也是对一普遍价值观的认同。如例4所示。

例4　The truth is, parental education today does not need to involve violence. A child is not private property owned by his or her parents. Traditional ideas such as "spare the rod spoil the child" are outdated and constitute an infringement of youngsters' basic human rights. （翻译：事实上，现在父母对孩子的教育并不需要使用暴力。孩子并非父母的私人物品。传统观念中的"黄荆条下出好人"已经过时，这是对儿童基本人权的侵犯。）

例5　True, discipline and strict household rules can help the young learn and succeed, but parents should never resort to violence in "enforcing" the rules. Those who fail to manage their anger and frustration toward their naughty kids, often end up regretting that they brought only bruises and scars, instead of promoting self – discipline and good behavior. （翻译：确实如此，纪律和严格的家教可以帮助年轻人学习和获得成功，但是，父母不应该使用暴力来执行这些规则。那些面对顽皮孩子不善于控制自己的愤怒和沮丧的父母，他们总是在事后后悔自己的行为，不但没有让孩子更加自律和表现良好，反而带给孩子伤痛和疤痕。）

For the kids, their adolescent belligerence also has a lot to do with the parents' indulgence when they were younger. It would be too late and counter – productive to later try and rectify that over – indulgence with violence. （翻译：对于孩子们来说，他们在青少年时期的顽皮通常与他们的父

母在他们幼儿时期对他们的放纵有关，等他们长大了再尝试用暴力来纠正他们的过度放纵就晚了，也不会有任何建设性意义。)

例5通过区分严厉和暴力，说明在教育过程中使用暴力的严重性，更加清晰地指出因管教孩子而实施家暴不过是一个借口，真实的原因是家长不善于处理自己的情绪，而且小孩的顽皮往往与幼年时父母对孩子的放纵和宠溺有关，所以父母没有理由用暴力来解决自己之前教育中出现的问题。这样的界面设计很容易被外国受众所接受，报道中并没有一味地为自己国家的一些父母体罚孩子的行为辩护，或者为我们"黄荆条下出好人"的传统观念说话，而是采用普遍价值，用符合西方人价值判断的阐述方式进行说明。可以说是用了比较有效的话语演说方式在打动和说服外国受众。

在报道的最后，有了前面的事件描述、评论说明，读者最后深刻体会到中国反家暴立法的重要意义，同时认为，将会有很多中国人对家暴有更加深入的理解和判断，并会避免许多家庭家暴事件。这样的叙事方法让外国受众对中国在反家暴问题上取得的成绩给予肯定。

4. 目的分析

在这篇报道中，《中国日报》海外版作为面向海外受众的报刊，需要客观公正地评价中国在反家暴上做出的努力，目的是突出中国通过反家暴立法保护了女性和弱势群体。但是，为了保证合作协商的多元开放性原则，新闻制作者首先通过对广东省妇联2014年做的一次调查的描述，说明了许多中国父母并没有意识到打骂孩子有什么问题，而后进一步指出反家暴立法给中国父母带来了新的规范和认知，对传统观念"黄荆条下出好人"进行了批评，区分了严厉与暴力，对儿童不良行为的责任进行了描述，这些不同角度的描述可以满足不同受众的心理需要，让海外受众看到中国不掩盖问题、不推卸责任的态度；中国受众也看到中国在反家暴问题上的努力和进步，为现在儿童可以得到更多保护而感到欣慰。这一点同时也体现了均衡说服原则。

新闻语篇话语分析的另一个角度是新闻图式（News Schema）分析①。范·戴克（2013）认为，图式的范畴在不同的社会和文化中显现出不同的一面。他通过观察叙事的图式、日常会话的图式、心理学文章的图式，提出我们生活中很多话语类型都属于固定的图式结构。新闻图式是文本构建过程中，相关知识的特定组成形式。他指出标题和导语表达了新闻文本的中心主题。记者们的价值观或者社会认知决定了新闻图式的变化。有时，低层次主题会因为记者的态度被提到标题或者导语的位置。

从报道的标题"Better promote and enforce law to protect children"（《进一步推动和执行保护孩子的法律》）来看，报道的重点就是推动和执行反家暴法律，以保护孩子。这篇报道写于反家暴立法之后，这一事件在中国是一个具有划时代意义的事件，表现了中国政府和人民在提高妇女儿童地位方面做出的努力，在反对家庭暴力上的巨大进步。从报道中可以看出，虽然中国已经立法，但我们还需要不断推动和执行这项法律才能更好地保护孩子。报道反映的主要事件是一个 11 岁的小女孩险些被父亲殴打致死，而她父亲也因触犯法律被捕。这个主要事件说明两点。第一，虽然中国已经立法，但是，因为中国存在"黄荆条下出好人"的传统观念，很多家长

---

① 对口头及书面话语图式的探索开始于 20 世纪初，由西方文学领域的学者率先展开。范·戴克（2013）认为在新闻话语的语篇分析中最重要的两个维度是叙事结构分析和新闻图式分析。新闻图式分析包括"概述"分析，也就是标题和导语分析，从中能够了解新闻报道的重要信息。

认为体罚孩子只是一种普遍的教育方式，并不认为会触犯法律。因此，国家还需要加强这方面的教育，让家长意识到体罚孩子的严重性。第二，中国已经在严格执行相关法律条例，用实际行动保护青少年。这篇新闻报道基本就事论事，目的是赞扬中国反家暴立法给孩子带来的福音，同时又非常客观地指出了现在需要做的具体努力，即在思想观念上改变许多想通过体罚教育孩子的中国父母。这样的新闻图式设计让外国读者觉得真实客观，容易接受和相信。当新闻制作者用与外国受众一致的价值观来传递信息，他们更倾向于用顺从的方式解读①。

总之，通过对以上两篇《中国日报》海外版中国反家暴议题报道的语篇分析我们可以看出，《中国日报》海外版在讲中国反家暴故事时，话语上用较好的说服性叙事技巧来体现中国在反家暴发展方面做出的努力，突出中国通过反家暴立法为女性和弱势群体保护做了很多具体工作；在李阳家暴案的报道中，指出在对家暴案件进行量刑的过程中，相关法律部门已经意识到反家暴立法的必要性，这些也是海外受众和中国受众都愿意看到的。

同时，在报道过程中媒体不避讳中国家庭自身依旧存在的问题，有承担责任的态度。《中国日报》海外版对中国反家暴历史取得的成绩和现状认识比较公正客观。与《纽约时报》不同的是，《中国日报》海外版以肯定反家暴的进步为主，指出相关问题为辅。

(二)《中国日报》海外版文本的句子分析

先进行李阳家暴案报道的句子分析。

---

① 英国学者斯图亚特·霍尔（1973）在他的《电视话语中的编码和解码》中指出，受众对媒介文化产品的解读一般分为顺从式解读、协商式解读和对抗式解读。当需要被解码的内容符合受众自身价值观时，更容易进行顺从式解读。

1. 及物性分析

名词化和被动语是及物性分析的两个主要方面。通过名词化，新闻制作人可以有意识地模糊化和淡化动作发出者。看以下这篇报道的例子：

例1　The closely watched case（翻译：被密切观察的）was first exposed by Lee in August 2011. She posted pictures of her injuries at Li's hands on the Internet, accusing Li of abusing her several times.

"Closely watched"（被密切观察的）用了被动化的方式省略了动作发出者。这里的动作发出者就是中国很多关心家暴问题的人，这样的表达效果会更加委婉。

例2　A week later, Li apologized for beating his wife after the case triggered a wave of condemnation（翻译：谴责）online. Li said that "it was just a quarrel between couples."

"Condemnation"（谴责）用了名词化的方式淡化了动作发出者，也获得一种比较委婉的表达效果。

例3　Kim Lee was soon taken as（翻译：被视为）the folk hero of China's battered wives.

"Be taken as"（被视为）用了被动化的方式省略了动作发出者"中国女性"，达到了比较委婉的表达效果，也是及物性的一个主要功能。

2. 主题分析

从报道的标题"Divorce granted in Crazy English founder case"来看，报道的主题就是疯狂英语创始人的离婚案。导语"BEIJING – A Beijing court on Sunday granted a divorce to American Kim Lee and Li Yang, the Chinese who won fame for his 'Crazy English' language – learning method, on the grounds of domestic abuse." （翻译：北京一法院在周日受理了李阳和他美国的妻子 Kim Lee 基于家暴的离婚案，李阳因创立"疯狂英语"——一种英语学习方法而出名。）对报道的主题做了进一步的说明，知道当事人双方的身份，一个是美国人，一个是中国成功的创业者，也说明了离婚的原因是家暴。通过阐明主题，读者很容易理解为什么这起案件会引起国内外关注。

3. 修辞分析

这篇报道中没有使用特别的修辞手法。

4. 引语分析

这篇报道有一些直接引语的例子。新闻报道中使用直接引语表示新闻制作者选择说话人的角度进行观察，但值得注意的是直接引语或者间接引语并不是完全客观和中立的。新闻制作者选择哪些人发声是有意图的，他们的身份能说明一些问题，他们的观点和态度很大程度上代表了纸媒的观点和态度。

例 1 "Chinese woman must defend their own rights," said Lee, adding that she was satisfied with the sentence. （翻译：Lee 说："中国女性要维护自身权益。"这表明她对判决结果是满意的。）

Lee 的身份是一名美国女性，代表着比较先进的女性保护自己的思想。她的话是要中国女性学会维护自身权益，也代表了《中国日报》海外版的看法，这是新闻制作者使用 Lee 直接引语所能实现的目标。

例 2 A week later, Li apologized for beating his wife after the case triggered a wave of condemnation online. Li said that "it was just a quarrel between couples."（翻译：一周之后，案件在互联网上引发了一片谴责，李阳也因打妻子而正式道歉。李阳说："那不过是夫妻间的一次争吵而已。"）

李阳是一个成功的创业者，也是家暴案的主角，而在此次案件被定性为家暴案时他对此不以为然，并在出面道歉时说这只是夫妻间的一次争吵，说明他认为这种行为不属于家暴。《中国日报》海外版引用李阳的话是因为他的想法和态度也代表了当时中国大多数男性的想法和态度，表现出家暴问题在中国的严重性和反家暴立法的紧迫性。

第二篇报道的句子分析。从句子的及物性、主题、修辞和引语这些方面来分析。

1. 及物性分析。及物性分析一般都会分析文本中的名词化形象和被动语。动作的发出者往往可以通过名词化和被动语被淡化和隐去。看以下这篇报道的例子：

例1 The truth is, parental education today does not need to involve violence. A child is not private property owned by his or her parents. Traditional ideas such as "spare the rod spoil the child" are outdated and constitute an infringement of youngsters' basic human rights. （翻译：事实上，现在父母对孩子的教育并不需要使用暴力。孩子并非父母的私人物品。传统观念中的"黄荆条下出好人"已经过时，这是对儿童基本人权的侵犯。）

例1画线部分是及物性中的名词化。"Infringement"的动作发出者是打骂孩子的父母，这里作者为了达到委婉的效果，通过名词化模糊化了动作发出者。

例2　Given the tragedy of the Shaanxi girl, more proactive efforts to promote the new law <u>are needed</u> to better protect children from violence at home. （翻译：鉴于陕西女孩的悲剧，需要更多积极主动的努力以推动新法保护孩子免受家暴侵害。）

例2属于被动语，动作的发出者是中国政府，在这里被省略了，弱化了责任人，表达效果更加委婉。

2. 主题分析

标题"Better promote and enforce law to protect children"（翻译：进一步推动和执行保护孩子的法律）告诉我们，报道的主题就是：推动和执行反家暴法律，以保护儿童。

3. 修辞分析

对新闻话语的修辞分析可以体现出文本中没有明确表达的却可以从文本的字里行间以及阐释过程所建构的心智模式推断出来的含义（范·戴克，2013）。这篇报道中所用修辞并不多，但是，用了引用的修辞手法。看下面的例子：

例3　Traditional ideas such as "spare the rod spoil the child" are outdated and constitute an infringement of youngsters' basic human rights. （翻译：传统观念中的"黄荆条下出好人"已经过时，这是对儿童基本人权的侵犯。）

例3中用了引用的修辞手法，通过引用中国的俗语"黄荆条下出好人"，新闻制作者把中国大多数家长深信不疑的传统文化观念表达出来。"黄荆条下出好人"的意思就是：孩子不听话的时候，只有通过用荆条教训他们，才能培养出懂事优秀的孩子。《中国日报》海外版新闻制作者通过这个引用表达了对中国传统观念"黄荆条下出好人"的不赞同，并表示这个观念已经过时，不应该成为现今教育孩子的行为依据。这样真诚的表达与海外受众的想法不谋而合，一定会与他们产生认同感。

4. 引语分析

通常有两种形式的引语：直接引语和间接引语。直接引语是对说话人所说内容的直接引述；间接引语是对说话人所说内容的间接引述。直接引语忠实于原文，保留了原文文体，间接引语只是忠实于原文的内容和含义。新闻报道中使用直接引语表示新闻制作者选择说话人的角度进行观察，而使用间接引语则表示新闻制作者选择用自己的视角进行观察①。新闻制作者对说话人的选择也不是任意的，一定对报道的主题有细致的考虑。因此，直接引语和间接引语的使用并不一定代表客观性。说话人的身份本身也透露了很多信息，他们的观点一般与报纸的观点和态度是一致的。看下面的例子：

例4　Li expressed his wishes to children ahead of the International Children's Day. （翻译：李克强总理在儿童节前夕对孩子们表达了他的祝愿。）

例4通过对李克强总理的间接引语说明了以李总理为代表的中国政府对下一代的关心。而这也是《中国日报》海外版对这一议题的基本态度。引用者的身份是中国国务院总理，他说的话就是中国政府的态度。

例5　Beijing Youth Daily commented on Thursday：Arrested on charges of child abuse and intentional injuring of a minor, the abusive father in

---

① 批评话语分析研究者辛斌（2000）指出：使用直接引语表示新闻制作者选择说话人的角度进行观察，往往体现出报道的客观性。

Shanxi is not alone in dismissing the fact that beating their children is domestic violence. （翻译：《北京青年报》做了如下评论：陕西一虐待孩子的父亲因蓄意伤害弱小、虐待儿童被控告并逮捕，他不是唯一一个不知道打孩子属于家暴行为、构成犯罪的家长。）

例 5 是对《中国青年报》的间接引语，表明了这种父母体罚孩子的教育方式在中国依然普遍存在，同时体现出《中国日报》海外版对中国家庭自身存在的问题不避讳，真实客观的报道态度。

通过对《中国日报》海外版反家暴议题文本句子的及物性、主题分析，发现《中国日报》海外版对中国的反家暴表现出正面褒扬的态度。报道中的修辞和引语体现了中国政府对反家暴的重视，同时，表现出中国积极要求反家暴立法以保护妇女儿童的主张。

总之，《中国日报》海外版在报道相关议题时有着很好的话语表达技巧，可适当增加国际受众共同认知的内容，基本立场依然是以肯定反家暴方面的进步为主，指出相关问题为辅。这一点和语篇分析时的结论是一致的。

（三）《中国日报》海外版文本的词汇分析

先看看第一篇报道的词汇。

例 1　Kim Lee is besieged （翻译：包围）by reporters after the Beijing Chaoyang District Court announced the verdict for her case in Beijing on Feb 3, 2013.

通过"besieged"（包围）这样的用词，表明了记者和社会对案件的高度关注。字典对这个词的解释是：被包围住、被询问纠缠或强求，使感到丧气或焦虑。因此，用这个词与一般的"surround"（包围）相比，有更强的感情色彩，更能表现该案件的社会关注度。

例 2 Li was ordered to pay his former wife 50, 000 yuan（＄7, 960）in compensation for her psychological traumas（翻译：精神创伤），confirmed to be results of his domestic violence toward her.

在描写李阳给 Lee 的赔偿时用到了"psychological traumas"（翻译：精神创伤），这是一个心理医学里的医学词语，表明了案件的严重性，已经给当事人带来了一种病态，也就是精神创伤。

例 3 Li is known for creating the concept of "Crazy English", a method of shouting（翻译：喊叫）to memorize and practice the language.

在描写李阳所创立的"疯狂英语"时，从新闻制作者用通过"喊叫"来记忆和练习语言的方法这样的用词可以看出，新闻制作者对于李阳的英语教学方法并不是很看好。

第二篇报道的词汇描述了四个主要的对象：（1）"黄荆条下出好人"的传统观念和教育方式；（2）传统的中国父母；（3）中国反家暴立法；（4）中国妇女儿童保护进程。

例 1 Traditional ideas such as "spare the rod spoil the child" are outdated（翻译：过时的）and constitute an infringement（翻译：侵犯）of youngsters' basic human rights.

例 1 是针对第一个描述对象：传统观念"黄荆条下出好人"。新闻制作者用"outdated"（过时的）和"infringement"（侵犯）来描述这个观念，说明对它的看法是负面的，持否定态度。

例 2 True, discipline and strict household rules can help the young learn and succeed, but parents should never resort to violence（翻译：采用暴力）in "enforcing" the rules. Those who fail to manage their anger（翻译：生气）and frustration（翻译：灰心）toward their naughty kids, often end up regretting that they brought only bruises（翻译：伤痛）and scars（翻译：疤痕）, instead of promoting self-discipline and good behavior.

For the kids, their adolescent belligerence also has a lot to do with the parents' indulgence（翻译：放纵）when they were younger. It would be too late and counter productive（翻译：毫无建设性意义的）to later try and rectify that over-indulgence with violence.

例2是针对第二描述对象：传统的中国父母。报道中用"resort to violence"（采用暴力）、"anger"（生气）、"frustration"（灰心）来描述采用暴力方式教育孩子的父母们。用"bruises"（伤痛）和"scars"（疤痕）来描述家暴父母给孩子带来的影响和伤害。用"indulgence"（放纵）来形容一些父母在孩子幼年时期对孩子教育的纵容，用"counterproductive"（毫无建设性意义的）来形容用暴力来解决问题的效果。从这些负面词汇我们可以看出新闻制作者对采用体罚管教孩子的父母持否定态度，认为这些家长都会因反家暴立法而认识到自己在管教孩子上的问题。

例3　China's first law on domestic violence, which took effect on March 1, explicitly（翻译：具体地）defines（翻译：定义）family abuse and streamlines the process of obtaining restraining orders. It urges（翻译：敦促）the legal guardians of underage youths to educate them in a civilized（翻译：文明的）manner, without using violence. Given the trag-

edy of the Shaanxi girl, more <u>proactive efforts</u>（翻译：积极主动的努力）
to promote the new law are needed to better protect children from violence at
home.

例 3 是针对第三个描述对象中国反家暴立法以及第四个描述对象中国
妇女儿童保护进程。"explicitly defines"（具体地定义）用来说明反家暴法
律具体地定义了家庭暴力，并"敦促"家长用更"文明的"方式教育孩
子。"proactive efforts"（积极主动的努力）用来说明我国的妇女儿童保护
进程孩需要更积极主动的努力来推动。

综上所述，第一篇报道用了"围攻""精神创伤""喊叫"这些负面
词汇。第二篇在描述"黄荆条下出好人"的传统观念时，用了"过时的"
和"侵犯"这样的负面词汇；在描述中国父母时用了"采用暴力""生
气""灰心""伤痛""疤痕"这些负面词汇；在描述中国反家暴立法和中
国妇女儿童保护工作时，用了"积极主动""努力"这样的正面词汇。

总而言之，第一篇李阳家暴案的报道中，用负面词汇呈现家暴的严重
性，对于李阳的言行持负面的态度，同时也强调了他给 Lee 造成的伤害，
呈现问题。第二篇报道中词汇所描述的四个主要对象中，有两个是负面描
述，两个正面描述。

（四）文本分析小结

通过对两篇《中国日报》海外版报道的文本分析，我们看到《中国日
报》海外版表现出的话语特点是：以微观负面词汇呈现不足，以通篇立意
表明立场。其立场是：肯定反家暴方面的进步为主，指出相关问题为辅。
方法上既注重分析问题，也注重分析成绩及其未来愿景的描绘。

二、言语实践中的新闻来源与客观性分析

看几个《中国日报》海外版新闻来源的例子。

1. "Even when some of my male colleagues joke that they were suppressed by their wives, I seldom took them seriously", Xia said. （翻译："甚至我的一些男同事开玩笑地说他们被自己的老婆压迫，对他们的话从来不认真。"夏说。）这句属于具体新闻来源。

2. "Domestic violence won't stop until offenders see the actual punishments when the law comes into force（on Tuesday），" said Wang Xinliang, a lawyer with the Shandong Xinliang Law Firm. （翻译：山东新良律师公司的律师王新良说："如果不颁布法律使施暴者看见真实的惩罚，那么家暴是不会停止的。"）这句属于具体新闻来源。

3. "Domestic violence is illegal and affects family members physically and psychologically. It is not a private issue but a social problem", said Tan Lin, head of the federation. （翻译：妇联主席谭琳说："家暴是违法的，会从生理上和心理上对家庭成员造成影响。它不是一个个人的事，而是一个社会问题。"）这句属于具体新闻来源。

通过以上的比较我们看出，在中国反家暴议题的报道中，《中国日报》海外版有具体新闻来源的报道比例比较高，这说明《中国日报》海外版在报道中国反家暴议题时态度是客观的。

三、社会实践层面的媒体积极正面回应

在中国，反家暴终于有法可依了。2016年3月1日起，《中华人民共

和国反家庭暴力法》正式施行。中国妇联的一项抽样调查表明，目前，家庭暴力现象在中国相当普遍，它不仅发生在夫妻之间，还多发于父母与未成年子女、成年子女与年迈父母之间。而这部专门针对家庭暴力行为制定的法律，明确规定了家庭暴力的范畴：家庭成员之间以殴打、捆绑、残害、限制人身自由以及经常性谩骂、恐吓等方式实施的身体、精神等侵害行为。值得注意的是，相比以往法院认定的家庭暴力必须具备"给其家庭成员的身体、精神等方面造成一定伤害后果的行为"的规定，反家暴法将谩骂、恐吓等精神暴力也认定为家暴，而不再一味强调造成的伤害后果。也就是说，不仅不能对家人动手施暴，言语上的暴力也不被允许。以往中国家庭奉行的所谓"棍棒底下出孝子""打是亲骂是爱"等行为，一旦实施过度，便构成犯罪。

同居关系也被反家暴法保护。同居关系、抚养照料关系、家庭雇佣关系等共同生活的人之间实施的暴力行为，都可以参照《反家庭暴力法》做出处理。新闻中层出不穷的虐童案，在诸多悲剧发生时，往往没人知道，遭遇家暴的孩童在一段时间后才被发现，也有不少早已知情的人因为"怕麻烦""不管闲事"，便没有把事情举报，而在这次《反家庭暴力法》制定过程中也明确了发现家暴不报案将担责的规定。条款中写道："中小学、幼儿园、医疗机构及其工作人员在工作中发现上述人群遭受或者疑似遭受家庭暴力的，应当及时向公安机关报案；未按规定报案造成严重后果的，对直接负责的主管人员和其他直接责任人员依法给予处分。"《反家庭暴力法》也规定，监护人实施家庭暴力严重侵害被监护人合法权益的，依法撤销其监护人资格，另行指定监护人。

据最高法2014年统计，中国约有24.7%的家庭存在不同程度的家庭暴力；近10%的故意杀人案件涉及家庭暴力；每年约有10万个家庭因为家暴而解体；施暴者九成是男性，受害人大多是妇女、儿童和老人。不止中国，世界上几乎所有国家都存在家暴问题。欧美一些发达国家，都已在反家暴方面取得了令人瞩目的成就。欧美在看待中国反家暴议题发展的时候，由于自身的发展开始较早，很容易把注意力放在中国虽有进步，但发展滞后，依然有很多需要努力的方面。在这样的社会现实之下，中国媒体要想讲好中国反家暴故事，就要客观真实地让受众认识到国家和人民做出的努力和取得的进步，而不是把注意力放在中国反家暴发展进程与欧美的差距上面。

通过对《中国日报》海外版报道的文本分析和言语实践分析，我们发现它的话语技巧与以前相比有了很大的进步。中国涉外媒体报道中国反家暴情况时既注重分析问题，也注重分析成绩及其未来愿景的描绘。

我们的涉外媒体需进一步仔细研究外媒报道中的问题，努力提高话语技巧，对国际受众关注的话题进行报道，对外媒因不合理的价值观产生的误读误判进行纠正和回应，遵循中国特色社会主义的新闻价值观，坚持积极正面的报道立场。

第四节　批评话语分析视角下的美国媒体女性维权议题媒体表达

一、文本叙事维度的叙事技巧与价值观念

笔者通过关键词 "anti‐domestic violence or anti‐family violence in China" 对《纽约时报》近 12 年（2009—2019）关于中国反家暴相关报道进

行搜索，发现其将近几年在中国最为熟知的"反家暴立法"与中国的传统观念"黄荆条下出好人"放在一起来报道。下面这篇报道"China's Harsh Female Child Discipline, Through the Lens of Domestic Violence"讲述了中国反家暴立法对中国父母体罚孩子习惯的挑战。这是2016年3月9日《纽约时报》的一篇报道。该报道以一位外国父亲和一位中国父亲在家长会上的对话开始，讲述了中西方家长在教育观念上的不同：中国父亲对"黄荆条下出好人"深信不疑，西方父亲却感到很惊讶，并完全不认同。最后，报道针对中国的女性保护事业的进程进行评论，认为还有很多具体工作要做，比如，培训计划生育工作者来保护儿童。下面，笔者以此报道为例对其文本进行分析。

在文本分析中，主要从文本的篇章层面（叙事结构分析、新闻图式），句子层面（及物性、主题、修辞、引语）和文字层面（词汇的选择）进行分析。

（一）《纽约时报》文本的语篇分析

范·戴克在他的《精英话语与种族歧视》中谈到新闻话语分析的一个重要方面是语篇分析，而语篇分析的两个主要角度是语篇叙事结构分析和新闻图式（News Schemas）分析①。前者可以被理解为叙事者在表述一个他所认为的问题，或者至少是相对于日常生活常规事件的一次非预期的、显著的或者有趣的事件或者行动。叙事结构分析还可以帮助我们理解如何通过讲好一个故事的方式说服读者，影响读者的认知和态度。新闻图式帮

---

① 20世纪初，西方学者率先在文学领域展开了对口头及书面话语图式的探索。20世纪80年代，荷兰学者范·戴克提出新闻报道是由约定俗成的新闻图式所组织的，作用是再现规则、规范和意识形态系统。在他看来，"概述"包括标题和导语，表达了新闻文本的中心主题。"情节"则包括了主要事件和后果，前者指"新闻报道的重要信息"，后者涉及"主要事件之后发生的行为和事件"。

助我们理解什么因素是新闻制作者认为是最重要的主题，因而被放到新闻报道中最容易被读者关注的位置（范·戴克，2013）。

首先，进行叙事结构分析。本研究从讲故事的语境、角色、行为、方法、目的五方面，对新闻报道的叙事结构进行分析。

1. 语境分析

例 1　The continued use of corporal punishment by Chinese parents has stoked new debate in light of a recent law against abuse within the family. （翻译：在最近反家暴立法的背景下，中国父母一直以来体罚孩子的教育方式引发了新的争论。）

例 2　"The problem is linked to culture", Mr. He, a professor of social work and sociology, said in an interview. "Chinese culture is very tolerant of it, so there's a lot of corporal punishment in families and schools." That makes the new Chinese law against domestic violence important for children, who are covered by it , as are older and disabled people. "We need to protect our children," Mr. He said. （翻译："这个问题与文化有关"，社会学教授何先生在一次采访中说，"中国文化对体罚孩子十分宽容，所以在家里和学校里，这种现象还普遍存在"。这使中国的反家暴立法对于孩子特别重要。反家暴法律包括孩子、老人和残疾人。"我们需要保护我们的孩子。"何先生说。）

例 1 可以看出中国父母体罚孩子引发争论的语境是中国反家暴立法。例 2 可以看出，中国反家暴立法之时，很多中国父母依然存在"黄荆条下出好人"的传统观念，家长体罚孩子是可以被接受的。也就是说，中国反家暴立法的语境是我们需要通过这项法律来保护孩子和女性这样的弱势群体。因此，我们可以看出，中国反家暴立法与中国父母体罚孩子的教育方式互为语境，通过语境的营造，读者很自然地会体会到：（1）中国反家暴立法对保护儿童的必要性；（2）许多中国人没有意识到中国的"打骂教育"属于家暴范畴，应该被杜绝。《纽约时报》也通过营造这样的语境，表明了对中国父母体罚孩子的行为持否定态度。

2. 角色分析

例3　BEIJING —Trying to be helpful, a Chinese father at our sons' elementary school advised me to slap my child's face if he was being recalcitrant. He made a slicing hand gesture. "This is what I do", he said. （翻译：为了帮助我，一个中国父亲在开小学家长会时建议我：如果你孩子不听话，你就扇他耳光。他做出一个扇耳光的姿势说："我就是这么做的。"）

"It won't work," I said, appalled and hoping an argument based on efficiency rather than morality might persuade a father who clearly believed the Chinese saying that "a dutiful son is made by the rod. " （翻译：听他这样说，我说道："那是没用的。"我惊骇万分，希望通过这个讲求效率而非道德的辩解说服这位对"黄荆条下出好人"这个传统观念深信不疑的父亲。）

"You're wrong! It will," he said, breezily, turning his attention to a more agreeable parent at the school meeting, where we were hearing about secondary education options for our children. （"你错了，那有用。"他轻轻地说，转过头看着在家长会上对他观点更加认同的另一位家长，而这次家长会是为了给孩子选择中学。）

　　这篇报道以一则逸事开篇，主要角色是一位小学生的家长，他对"黄荆条下出好人"的教育观念深信不疑，还想用这种教育方法影响其他的家长。新闻制作者以这个故事开头，说明他认为这个中国父亲的价值观代表了很多中国家长的价值观，同时也说明这个观念在中国已经根深蒂固。因为这篇报道不是人物特写的报道，所以对人物的刻画比较简略。

　　3. 行为分析

　　行为分析是通过分析人物的语言和动作行为进而了解人物的特征和心理，行为可以从大格局上理解也可以从微内容上解读。例3中我们也看到了人物的语言和动作行为，新闻制作者通过描述中西方家长之间的对话，使读者看见中西方不同的观念，更重要的是，通过一位父亲做出扇人耳光的动作行为描绘出中国父母教育孩子时体罚已成为习惯，并不认为它是家暴。从这里可以看出，新闻制作者对"黄荆条下出好人"的观念和行为持负面态度，对中国反家暴立法中将父母对孩子的体罚写进去持正面和鼓励的态度。

　　4. 方法分析

　　界面是设计师赋予物的面孔，人与物之间的互动通过界面来实现。界面设计一定要有亲和力、路径要简洁。那么，在新闻报道当中，界面就是说服内容展现给受众的样貌、姿态、气质和气象。文本的界面对获得受众的认同有着直接、显著的影响。这一篇写于中国反家暴立法之时的报道的界面设计路径简洁。首先，新闻制作者并没有只关注"物"，而是把"人"作为主要的描述对象，包括人的语言和行为，与读者共情，并通过这些来反映"物"的情况。比如，开篇对一位中国父亲和一位西方父亲之间因是否应该将体罚孩子作为教育方法的争论，新闻制作者表达了对中国传统观念"黄荆条下出好人"的不认同。其次，为了体现出确实有很多中国家长存在体罚孩子的问题，也就是说中国家长体罚孩子是个普遍现象，新闻制作者用研究和数据说话，显得非常客观，这也是新闻叙事中一种很常用的方法。看下面的例子：

例4　Figures on child abuse are scarce, reflecting a lack of government and social engagement with the problem, several specialists said. （翻译：一些专家认为，中国关于虐待儿童的数据非常少，这也反映出政府和社会对于这个问题的投入和关注比较少。）

In a 2013 study of child abuse and suicidal thoughts among adolescents in Shanghai, the authors, Sylvia Y. C. L. Kwok and Wenyu Chai of the City University of Hong Kong, and Xuesong He of East China University of Science and Technology, noted that in a national survey by the China Law Society of 3, 543 people, about 72 percent said that their parents had beaten them. （翻译：2013 年在上海进行了一项关于虐童和青少年自杀想法的调查。这项调查的作者，香港城市大学的 Sylvia Y. C. L. Kwok 和柴文玉，以及华东科技大学何雪松，发现：中国法律协会对 3543 人进行的一次全国调查，其中 72% 的孩子认为自己的父母打过他们。）

Another survey cited, of elementary pupils in Xi'an, found that 60 percent said that they were hit, deprived of food or verbally abused by their parents. "Chinese parents tend to use physical and emotional punishment to solve parent – child problems and conflicts, which may easily lead to child abuse," the authors wrote. （翻译：另一项调查显示，西安的小学生中有 60% 说他们曾被父母打过，不让吃饭或者言语侮辱过。这几位作者写道："中国父母常用身体或者情绪上的惩罚来解决父母与孩子之间

的问题和矛盾，这很容易导致虐童现象。"）

例 4 就是新闻制作者在利用学术研究和数据说明中国父母体罚孩子是比较常见的现象。这样的界面设计给人一种真实可靠的感觉，读者很容易产生信任感。叙事方法就是讲故事的方法，就是什么样的故事能更好地表达新闻制作者的观点和态度，并得到大多数读者的认同和接受。无疑，《纽约时报》在这一点上是成功的。但是，它所传达的价值判断是否客观还有待考证。中国确实有"黄荆条下出好人"的传统教育理念，但是，这种情况一般在受教育程度较低的农村较为普遍，大城市的高知父母打骂孩子的现象还是比较少的，并不像《纽约时报》这篇报道所说的占那么大比例。

5. 目的分析

这篇报道站在美国的角度，立足美国反家暴历史发展进程，自然认为本国反家暴进展比中国更快，做得比中国好，所以他们的报道目的是凸显自身优越性。即使是中国反家暴立法这样一个凸显中国妇女儿童以及弱势群体地位提升的重要事件发生之时，《纽约时报》进行的报道还是指出了中国反家暴推进力度还不够，反家暴依然存在问题。而这样的叙事角度并没有考虑中国历史发展的不同特点，把中国的"黄荆条下出好人"观念等同于"虐童和家暴"，实则强化了外国受众对中国文化的不满和不解，低估了中国政府做出的努力，也弱化了中国在反家暴方面取得的巨大成就。

其次，从新闻图式上分析。从报道的标题"China's Harsh Child Discipline, Through the Lens of Domestic Violence"（《从家暴的视角看中国家长在对待孩子上施行的严厉纪律》）来看，报道的重点集中在两个方面：家暴的视角和中国孩子遭受体罚。另外，从报道的导语"The continued use of corporal punishment by Chinese parents has stoked new debate in light of a recent law against abuse within the family. "（翻译：在最近反家暴立法的背景下，中国父母继续体罚孩子引发了新的争论。）来看，这篇报道写于反家暴立法之时，这一事件在中国是一个具有划时代意义的事件，表现了中国政府和人民在提高妇女儿童地位方面做出的努力，在反家暴方面是一个巨大的进步。《纽约时报》在报道的时候，虽然表面上赞扬了反家暴立法把孩子包含在内是孩子们的福音，却把中国的"黄荆条下出好人"的传统教育观念与反家暴立法之间的矛盾放在了更重要的位置来报道，引发新的争论。从新闻图式的角度分析，低层次主题"中国父母体罚孩子是常见的教育方法"，因为《纽约时报》的特殊关注被提到了标题和导语的位置上来，显得比"中国反家暴立法"更加重要。同时，报道的主要事件是"中国父母体罚孩子是普遍现象"，"中国反家暴立法"反而成为该事件的一个背景，并衬托出一些讽刺的味道。

总之，《纽约时报》中国反家暴议题报道的语篇体现出很好的说服性叙事技巧，但是，它传达给读者的观点和态度受到自身社会文化制约，在说服目的上只顾体现自身反家暴发展的优越性，并没有从中国反家暴发展的实际情况出发，呈现出中国的进步和发展，对问题的认识不够全面，不合理的价值标准影响了它的话语表达。

（二）《纽约时报》文本的句子分析

句子分析可以从句子的及物性、主题、修辞和引语这些方面来进行。

1. 及物性分析

这篇报道的作者并没有用太多的及物性来有意弱化发出者，但下面这个例子体现了名词化在报道中的应用。

例1 Retraining family planning workers to protect children "will be complicated," Mr. He said, adding that he had not yet proposed the idea to the authorities. "But that's the ideal." (翻译:"重新培训计划生育工作者来保护儿童将是一项复杂的工作",何先生说,同时表明还没有把这个想法传达给政府。"那是一种理想。")

例1中的 "Retraining family planning workers to protect children" 是名词化的应用,其主语是中国政府,是动作发出者。这个例子中中国政府作为行为责任人被省略。在中国反家暴立法这样一个积极正面、有社会影响力的事件发生之时,中国国内为反家暴取得的成就之际,《纽约时报》却仅以此作为引子,着力报道中国父母体罚孩子的教育方式,其实是有意无意地让读者对中国文化产生偏见,在报道中用"重新培训计划生育工作者来保护妇女和儿童难度很大"来说明中国政府所做的工作力度还不够。然而在此案例中,新闻制造者为了实现平衡,显出报道的客观公正性,在此值得对中国政府进行赞扬的时候又不能太过直接地指责中国政府,所以,通过名词化的方式隐含地指出中国政府在女性儿童维权方面的不足,表明了《纽约时报》的报道态度。

2. 主题分析

从这篇报道标题 "China's Harsh Female Child Discipline, Through the Lens of Domestic Violence"(翻译:从家暴的视角看中国在对待孩子上施行的严厉纪律)和报道的导语 "The continued use of corporal punishment by Chinese parents has stoked new debate in light of a recent law against abuse within the family."(翻译:在最近反家暴立法的背景下,中国父母继续体罚孩子引发了新的争论。)来看,主题主要涉及两个方面:(1)中国家长把体

罚孩子作为教育方式；（2）中国的反家暴立法。在中国反家暴立法之时，《纽约时报》新闻制作者选择报道的主题并没有只选择积极正面的视角来报道，而是选择中立，甚至有些从负面的视角来看待。两个主题中，有一个主题是负面的，并且报道篇幅远大于正面主题。可以看出，《纽约时报》表面赞扬了中国反家暴立法将对孩子的保护也写了进去，实则引导读者对中国传统文化产生负面印象。

3. 修辞分析

这篇报道中我们也看到了讽刺的修辞手法。看下面的例子：

> 例 2　*Corporal punishment in schools was outlawed in China in* 1986, *but the harsh disciplining of children remains widespread*, *reflecting a tradition of* "*dama jiaoyu*," or hitting – and – cursing education, even if it has become a topic of debate among some parents in recent years. The habit can easily slip into abuse, scholars say. （翻译：1986 年中国宣布体罚属于不合法行为，但是对孩子异常严格的教育方式在中国依然非常普遍，反映了传统的"打骂教育"，尽管这些年很多父母对此也有思考和争议。一些学者说，这种打骂孩子的习惯很容易就会升级为对孩子的虐待。）

例 2 的斜体部分"1986 年中国宣布体罚不合法"和"父母对孩子异常严格的教育方式在中国依然很普遍，反映了传统的打骂教育"是两个矛盾对立的描述，让读者对中国文化中"打骂教育"有了负面看法。很明显，新闻制作者采用了讽刺的修辞手法。

> 例 3　"It won't work," I said, appalled and hoping an argument based on efficiency rather than morality might persuade a father who clearly

believed the Chinese saying that "a dutiful son is made by the rod." （翻译：听他这样说，我说道："那是没用的。"我惊骇万分，希望通过这个讲求效率而非道德的辩解说服这位对"黄荆条下出好人"这个传统观念深信不疑的父亲。）

例 3 中用了引用的修辞手法，通过引用中国的谚语"黄荆条下出好人"，新闻制作者把中国大多数家长深信不疑的传统文化观念表达出来。这样的修辞手法的运用让外国读者不自觉地对中国传统文化产生负面印象。

4. 引语分析

看下面的例子：

例 4　Another survey cited, of elementary pupils in Xi'an, found that 60 percent said that they were hit, deprived of food or verbally abused by their parents. "Chinese parents tend to use physical and emotional punishment to solve parent – child problems and conflicts, which may easily lead to child abuse," the authors wrote. （翻译：另一项调查显示，西安的小学生中有 60% 说他们曾被父母打过，不让吃饭或者言语侮辱过。这几位作者写道："中国父母常用身体或者情绪上的惩罚来解决父母与孩子之间的问题和矛盾，这很容易导致虐童现象。"）

"The problem is linked to culture," Mr. He, a professor of social work and sociology, said in an interview. "Chinese culture is very tolerant of it, so there's a lot of corporal punishment in families and schools." That makes the new Chinese law against domestic violence important for children, who are covered by it , as are older and disabled people. "We need to protect our children," Mr. He said. (翻译:"这个问题与文化有关",社会学教授何先生在一次采访中说,"中国文化对体罚孩子十分宽容,所以在家里和学校里,这种现象还普遍存在"。这使中国的反家暴立法对于孩子特别重要。反家暴法律包括孩子、老人和残疾人。"我们需要保护我们的孩子。"何先生说。)

例4是对一项社会调查的引述。新闻制作者选择对一项学术调查作者的话进行引述,他们的话不是简单的感性认识,而是通过严谨的学术研究得出的结论,因而能更加体现观点的客观性。"中国父母常用身体或者情绪上的惩罚来解决父母与孩子之间的问题和矛盾,这很容易导致虐童现象""我们需要保护我们的孩子"体现出这个问题在中国的普遍性以及严重性。直接引语表明这项研究的观点就是新闻制作者的观点。

例5 News reports that women across China are applying for and receiving spousal protection orders from courts since the Anti – Domestic Violence Law took effect on March 1 showed that they were seizing new opportunities to ensure their safety. Feng Yuan, a feminist who has just returned from a work trip to a rural county in the southwestern province of Yunnan, said that women had inundated the local authorities with requests for information. (翻译:据报道,自3月1日中国反家暴立法之后,中国的女性向法院申请配偶间法律保护。这表明她们正抓住新的机会保证自身的安全。冯媛,一位女性主义者刚从云南农村出差回来,她说当地的女性都涌到政府去寻求更多的相关信息。)

例5是一位女性主义者冯媛的间接引语。间接引语表明新闻制作者选择的角度就是他所想表达的观点和态度。作者想表达中国女性有了自我保护的意识，积极通过国家法律维护自身权益，《纽约时报》对此持肯定和赞扬态度。

例6 Mr. He has a creative solution：Redeploy the thousands of newly idle family planning workers around the country as a network of child protectors. Their workload has declined, he said, since the government ended the one - child policy . （翻译：他有一个创造性的建议：重新调配国内成千上万因生育政策变化而闲散下来的计划生育工作者，使他们成为儿童保护者。他说，自国家结束了一孩政策以后，他们现在的工作强度有所下降。）

"They have a giant network around the country. They know where the children are," he noted. "Each village has a family planning worker. It's potentially an excellent framework. " （翻译："他们在国内有巨大的网络。他们知道孩子们在哪里，"他指出，"每个村都有计划生育工作者，这有潜力成为一个很好的框架。"）

"It's especially important to educate parents," he said, "to tell people that there are other ways to raise children. In the villages, a lot of families just don't know of any methods except 'dama. '" （翻译：他说："教育家长也十分重要，告诉人们还有很多其他的方法可以养育孩子。在村里，很多的家庭除了'打骂'不知道可以怎么教育孩子。"）

The Ministry of Civil Affairs, the branch of government with the most responsibility for children's welfare, he said, was approaching the problem only "slowly. " （翻译：他说公共事务部，也就是政府主要负责儿童福利的部门，还是以非常"慢"的速度解决这个问题。）

例6是对何先生的间接和直接引语阐述观点。报道中介绍，何先生是华中科技大学的一位教授，专门从事虐童方面的研究。选择何先生的话进行引用是因为他的身份表明他的话语有客观性，容易使读者信服。具体来看，何先生的话体现出：（1）在中国，过去的计划生育工作者可能会承担起保护孩子的工作，这项工作正在推进，但是，速度很慢。（2）在中国比较落后的农村地区，很多父母除了打骂孩子并不知道如何教育孩子，对家长的这方面教育还需要政府派专人负责来推进。《纽约时报》在肯定中国通过反家暴立法取得进步的同时，也借何先生之口说明今后还需进一步努力的方向。

例7　In a 2011 study of a county in central China by several United Nations agencies, 52 percent of men said that they had used violence against a partner, while 47 percent reported that they had beaten their children. （翻译：根据联合国机构于2011年在中国中部某个小镇做的一项研究，52%的男性说他们对自己的伴侣有暴力行为，47%的受访者表明他们曾经打过自己的孩子。）

"Men who witnessed their mother being beaten when they were children were nearly three times more likely to beat their own children than men who had not witnessed violence," the study said. （翻译：该研究表明："小时候看见自己的妈妈在家被打的男性比那些没有见过家庭暴力的人成年后更容易打自己的孩子。"）

例7是新闻制作者引用的一项研究内容，该研究内容也说明了家暴的严重后果，需要杜绝。

通过对《纽约时报》反家暴议题文本句子的及物性、主题、修辞和引语的分析，本研究发现《纽约时报》有很好的话语技巧，但在论述中国反家暴问题时，它赞扬反家暴立法为表，指出中国传统文化观念存在问题是本。《纽约时报》有温和的意识形态色彩（张国庆，2012），但是，难脱意识形态的影响，不能从历史发展的角度深入理解中国问题的特殊性。这一点与语篇分析时的结论一致。

（三）《纽约时报》文本的词汇分析

韩里德说过，新闻制作者在报道中使用的词汇可以明显地反映他们的世界观和社会经历。费尔克劳（1992）用词汇化（lexicalization）来说明用词与人的社会实践、价值观以及视角的关联。在分析词汇的时候，可以分析在相互可以替换的词中，为什么新闻制作者选择用这个词而不是另外的词。还可以分析，在描述一个事件或者人物的时候，新闻制作者更倾向于用正面的词汇还是负面的词汇表现出纸媒或者记者本人对事件或者人物的态度。

这篇报道中有四个主要描述对象：（1）两个参加家长会的父亲；（2）"黄荆条下出好人"的传统观念和教育方式；（3）中国反家暴立法；（4）中国妇女儿童保护进程。

例1　"It won't work," I said, <u>appalled</u>（翻译：惊骇万分的）and hoping an argument based on efficiency rather than morality might persuade a father who clearly believed the Chinese saying that "a dutiful son is made by the rod."

"You're wrong! It will," he said, <u>breezily</u>（翻译：轻轻地），turning his attention to a more <u>agreeable</u>（翻译：赞同的）parent at the school meeting, where we were hearing about secondary education options for our children.

例 1 是针对第一个描述对象：两位参加家长会的父亲。这是一位西方父亲和一位中国父亲之间的对话。"appalled"（惊骇万分的）是用来形容西方父亲听到中国父亲说孩子不听话就要打之后的感受，这表明他极度不认同中国父亲的价值观。当他反驳说打骂是没有用的时候，中国父亲不以为然，新闻制作者用"breezily"（轻轻地）来形容中国父亲的说话时的神情，说明了这对于西方父母来说极为震惊的事在中国父母看来是最平常不过的事。而且，还转向一位更加"agreeable"（赞同的）家长，说明在中国这样的家长不是少数。总之，侧面表现出《纽约时报》对中国父母体罚孩子教育方法的不认同。

例 2　Corporal punishment in schools was <u>outlawed</u>（翻译：不合法的）in China in 1986, but the harsh disciplining of children remains widespread, reflecting a tradition of "<u>dama</u>（翻译：打骂）jiaoyu," or <u>hitting-and-cursing</u>（翻译：打骂）education, even if it has become a topic of debate among some parents in recent years. The habit can easily slip into <u>abuse</u>（翻译：虐待）, scholars say.

例 2 是针对第二个描述对象"黄荆条下出好人"的传统观念和教育方式，或者说是体罚的教育方式。"qutlaw"（不合法的）被用来形容在校体罚；"dama"（打骂）和"hitting and cursing"（打骂）用来说明中国的传统教育观念；"abuse"（虐待）这个负面词用来说明父母打骂孩子的习惯很容易演变成虐待。从这些词的感情色彩上看，都属于贬义或者带有负面含义的词。由此可见《纽约时报》对中国的这一教育方式的看法也是负面的，想要传达给读者的信息也是对中国传统文化的不认同感。

例3 That makes the new Chinese law against domestic violence im-portant（翻译：重要的）for children, who are covered（翻译：包含在内的）by it, as are older and disabled people. "We need to protect our children," Mr. He said.

But how?

News reports that women across China are applying for and receiving spousal protection orders from courts since the Anti – Domestic Violence Law took effect on March 1 showed that they were seizing new opportunities（翻译：抓住新的机会）to ensure their safety. Feng Yuan, a feminist who has just returned from a work trip to a rural county in the southwestern province of Yunnan, said that women had inundated（翻译：涌入）the local authorities with requests for information.

例3 是针对第三个描述对象：中国反家暴立法。"important"（重要的）用来形容中国的反家暴立法对于孩子的重要性；"covered"（包含在内）是说反家暴立法把孩子写了进去，这一点是极大的进步。从这些词汇可以看出，《纽约时报》专门提出中国反家暴立法将对儿童的保护写了进去，并指出了对中国孩子的重要性。一方面，对中国反家暴立法是一个褒扬的态度；另一方面，也侧面指出了中国父母存在用体罚的方式教育孩子的问题，因此，把儿童保护列入反家暴法律条例中显得尤为重要。

例4 The Ministry of Civil Affairs, the branch of government with the most responsibility for children's welfare, he said, was approaching the problem only "slowly（翻译：缓慢地）."

Retraining family planning workers to protect children "will be complicated（复杂的），" Mr. He said, adding that he had not yet proposed the idea to the authorities. "But that's the ideal."

例 4 是针对第四个描述对象：中国妇女儿童保护进程。"slowly"（缓慢地）是用来形容中国政府通过教育家长还有其他很多方式可以养育孩子，保护儿童的进程缓慢。而且，"complicated"（复杂）是用来形容重新培训过去的计划生育管理人员从事保护儿童的工作。从这些词汇可以发现《纽约时报》的新闻制作者在肯定中国反家暴立法可以更好地保护儿童的同时，也指出了一些具体工作在中国进展缓慢，程序复杂，表现出了些许担忧。

综上所述，在描述西方孩子父亲时，文章用"惊骇万分的"这样的负面词汇来形容他听到中国父亲说孩子不听话就要打之后的感受；在描述中国传统观念时，文章用了"不合法的""打骂""虐待"等负面词汇；在描述中国妇女儿童保护进程时，文章用了"缓慢的""复杂的"这样的负面词汇；只有在描述反家暴立法时，文章用了"重要的"这样的正面词汇。总而言之，这篇报道中词汇所描述的四个主要对象中，有三个是负面描述，只有一个正面描述，这也可以表现出《纽约时报》对中国反家暴问题的整体负面评价。

（四）文本分析小结

通过对《纽约时报》这一篇报道的语篇分析，我们发现它的叙事结构可以很好地说服读者接受自己的观点，无论在语境营造、角色选择、行为描述、界面设定和目的设定的角度分析都是一篇成功地说服性叙事报道。但是，《纽约时报》所传达给受众的观点和态度也受到自身意识形态和社会文化的影响，没有从中国社会历史文化的角度客观地呈现事实。

从新闻图式的角度分析，低层次主题"中国父母黄荆条下出好人的观念、中国父母在教育过程中体罚孩子的普遍现象"因为外媒的特殊关注被提到了标题和导语的位置上来，显得比"中国反家暴立法"更加重要。同时，报道的主题是"中国父母在教育过程中体罚孩子的普遍现象"，"中国反家暴立法"反而成为它的背景，衬托出了一些讽刺的味道。从整个语篇的基调来看，《纽约时报》认为中国反家暴问题上虽有进步，却依然存在很多问题，力度不够。

通过对报道中句子的及物性分析发现：在中国国内反家暴取得成就之际，《纽约时报》却站在一个讽刺和批判的角度，仅以此作为引子，着力报道中国父母在教育过程中体罚孩子的普遍现象，新闻话语中通过名词化的方式隐含地指出中国政府在反家庭暴力方面的不足，这恰恰体现了社会文化的差异。句子中用了讽刺和引用的修辞手法，表明《纽约时报》新闻制作者尽管承认中国反家暴立法是一个进步，却认为中国反家暴的力度不够大。总体上说，对此持负面看法。通过对被引用者身份和引语内容的分析，也表明《纽约时报》对中国反家暴立法总体上持中立态度，肯定进步的同时也有担忧，但是，对于现在中国政府的积极推进态度给予了肯定。

词汇层面的分析在报道中有四个主要对象，其中三个负面描述，一个正面描述，说明新闻制作者在承认中国反家暴立法是一大进步时，也认为它仍然存在一些问题。态度上略显负面。

通过对《纽约时报》反家暴议题的文本分析，我们发现《纽约时报》表现出的话语特点是：用有效的话语言说方式呈现对中国反家暴议题的负面态度。其立场是：赞扬反家暴立法为表，指出中国传统文化观念存在问题是本。

二、言语实践中的新闻来源与新闻可信度

费尔克劳的三维话语分析框架的第二阶段是阐释。与描写不同的是，阐释会着重分析文本与话语实践之间的关系。费尔克劳认为语篇与话语实践过程关系的阐释分析就是互文性分析。

"互文性"是由法国当代文艺理论家克丽丝蒂娃（Kristeva）在《符号学：符号解析研究》一书中提出的术语。互文性的概念是指一个词（或一篇文本）是另一些词或者文本的再现，我们从中至少可以读到另一个词或者一篇文本。这一概念的关键意义是"任何文本都处于若干文本的交汇处，都是对这些文本的重读、更新、浓缩、移位和深化"。费尔克劳也指出互文性是一个文本基础，用以回答媒体用什么社会资源和经历来接受和阐释议题，以及媒体信息与什么相关联。辛斌指出，互文性最重要的两个要素是：新闻来源和新闻报道模式。具体新闻来源越多，就说明报道的态度越客观。在报道模式上，直接引语运用得越多，态度就越客观。

下面几个《纽约时报》的例子，可以说明新闻来源对媒体表达效果的影响。

1. "It's a big help that the law defines domestic violence for the first time," said Mr. Qi, a lawyer at Beijing Ming Hang Law Firm. （翻译：北京明航法律公司的律师齐先生说："法律第一次定义了家暴，这是一个很大的进步。"）这句明显是具体新闻来源。

2. Judy Johnson said she called 911 because she did not want anyone to get hurt, according to the police report. （翻译：根据警方的报告，朱迪说她给 911 打电话因为她不希望任何人受伤害。）这句也属于具体新

87

闻来源，但是报道模式属于间接话语呈现。

3. Another survey cited, of elementary pupils in Xi'an, found that 60 percent said that they were hit, deprived of food or verbally abused by their parents. （翻译：另一项调查显示，西安小学生中有，60% 说他们曾被父母打过，不让吃饭或者言语污辱过。）这句属于模糊新闻来源，因为我们始终不知道这个调查具体是什么调查。

《纽约时报》在反家暴议题上，大多数的报道都是具体新闻来源，而具体新闻来源是判断新闻客观性的一个重要指标①。因此它所呈现的态度显得非常客观。同时，《纽约时报》在中国反家暴议题的报道上几乎都用了直接引语，这说明《纽约时报》善用直接引语来体现新闻的客观性，有着很好的新闻话语技巧。

三、社会实践中对文化障碍的强调问题

据家暴预防基金估算，在美国，每 4 名女性就有 1 人曾报告被配偶或男友打过；每天有 3 名女性遭丈夫或男友杀害；每年女性因这类暴力遭到的伤害达 200 万次；2007 年这类强暴或性袭击数量达 24.83 万宗（每天平均超过 500 起），高于 2005 年的 19.06 万宗。纽约市警察局公布的数据显示，2008 年 1 月到 9 月华裔家庭暴力案件达到 4000 多起。家庭暴力犯罪已经成为美国社会特别是华人社区中的频发案件。统计还显示，全市家庭

---

① 费尔克劳（1992）将语言看成是一种"社会现实的构建"，他认为语言不是对现实的直接反映，语言在一定程度上受社会文化因素的影响，反过来又塑造社会文化。新闻写作理应客观公正，但是一定程度上反映了新闻制作者的立场和观点。新闻语篇由事实描述和话语描述构成，报道者会转述别人的新闻观点，具体新闻来源确保了新闻的客观性和可信性。

暴力犯罪中，华人家庭占近 70%，华人家庭已经成为家庭暴力犯罪的高发群体。

在 20 世纪 70 年代后期，随着女权运动的发展和社会文化的改变，家庭暴力问题日益引起公众和政府的极大关注，从"家务事"升格为社会问题。目前，美国 50 个州都制定了反家庭暴力法律。在联邦层面，国会先后制定了《儿童虐待防治及收养改革法》《家庭暴力预防和服务法》《援助遗弃婴儿法》《针对妇女暴力法》等。

美国各州关于反家暴也都有自己的专门性法律，这就构筑了一道从中央到地方的法律保护网，避免了无法可依的局面。

通过一系列立法，美国还拓展了相关社会服务的内容，确立了强制逮捕、强制报告和民事保护令等重要制度，明确了相关部门尤其是警察的职责，这些都为预防和制止家庭暴力提供了有力的法律保障。

美国关于家暴的法律判罚相当严厉。父母出于管教的目的动手打了孩子，如果被邻居报警就会遭到逮捕。不管家庭暴力犯罪的程度和影响如何，警察都会将施暴者逮捕送进监狱，而保释金会高达 5 万美元。

此外，最大限度地利用明星效应，呼吁社会形成反对家庭暴力的意识，是美国营造家暴"零容忍"态度的重要方式。每年的 10 月是美国反对家暴宣传月。2001 年，中国一部电影《刮痧》体现出美国人在家暴方面强烈的敏感度。

中国在对暴力的立法上实施较晚，反家暴法实施之后的执行效果也有待提高。所以，相比《中国日报》海外版，《纽约时报》在报道中国反家暴立法时并没有显示出特别的兴奋，而是认为与美国相比，中国的反家暴实践比较晚，甚至有很多问题有待解决，比如，上面说到的中国文化传统思想观念"黄荆条下出好人"等，需要通过教育来改变。专家认为，《反家庭暴力法》的实施为家庭矛盾的"灭火"工作提供了保障，而前期"防火"工作的力度却还有待加大。"防"优先于"消"，应该呼吁人们从思想上杜绝家庭暴力。

总而言之，美国对中国反家暴情况的立场是：指出问题为主，肯定进步为辅。这样的态度必定反映在它的新闻报道话语中。在对《纽约时报》关于中国反家暴议题报道进行文本分析时，主要基调依然是：表面肯定中国反家暴立法的进步，实则指出传统文化阻碍了反家暴进程。这印证了福柯和费尔克劳进行话语分析的基本观点，新闻话语反映了社会现实，话语的结构是由社会现实决定的，又反过来影响和构建社会现实。在这样的情况下，中国要想讲好女性故事，就要对外媒不够全面的媒体表达进行纠正，对外媒不恰当的新闻价值观做出回应。

第五节　《中国日报》海外版与《纽约时报》在女性维权议题上的批评话语分析比较

一、女性维权议题上文本分析比较

在反家暴议题上，《中国日报》海外版和《纽约时报》报道的相同点是都有比较成熟的话语技巧。在语境营造、角色行为塑造、方法和叙事目的上都是比较好的说服性叙述文章。表达技巧各有千秋，可圈可点。

但是，报道的立场有很大的差异，《纽约时报》由于自身的价值观和意识形态，其立场是：指出中国反家暴问题为主，肯定进步为辅。话语特点是：用有效的话语表达技巧呈现对中国反家暴议题的负面态度。与之相反的,《中国日报》海外版的立场是:肯定反家暴方面的进步为主,指出相关问题为辅。话语特点是:以通篇立意表明认同立场,以微观负面词汇呈现不足。具体呈现如下:

在语境的营造上,《中国日报》海外版和《纽约时报》的相同点是:都把"反家暴立法"作为主要的大语境,不同点是:《纽约时报》是通过这个大语境来否定中国父母体罚孩子的行为。《中国日报》海外版在此语境下再现了中国在反家暴方面的进步。

《纽约时报》的这篇报道 "China's Harsh Child Discipline, Through the Lens of Domestic Violence" 讲述了中国反家暴立法对中国父母体罚孩子习惯的挑战。中国反家暴立法之时,很多中国父母依然采用"黄荆条下出好人"的传统观念,认为家长体罚孩子是可以被接受的。也就是说,中国反家暴立法的语境是我们需要通过这项法律来保护我们的孩子。因此,我们可以看出,中国反家暴立法与中国父母体罚孩子的教育方式互为语境,通过语境的营造,读者很自然地会体会到:(1)中国反家暴立法对保护儿童的必要性;(2)许多中国父母没有意识到中国的"打骂教育"属于家暴范畴,应该杜绝。《纽约时报》也通过营造这样的语境,表明了对中国父母体罚孩子持否定态度。

《中国日报》海外版的这篇报道 "Better promote and enforce law to protect children" 讲述了中国反家暴立法是一项积极保护儿童的法律。事件经过是一位父亲因为孩子放学回家晚并拒绝道歉竟然差点把自己的孩子打死,这件事发生在中国反家暴立法之后,父亲因触犯法律而被逮捕。所以报道交代了反家暴生效的时间,其包含的内容,比如,将对儿童的保护也写进《反家庭暴力法》,并敦促未成年人的法律监护人以文明的方式教育孩子,杜绝暴力。在这样的语境之下,我们就不难理解,为什么这位父亲会被逮捕并可能受到法律的惩处。同时，我们会注意到，这样的语境，即"反家暴立法"，其实是中国反家暴方面的一个重大进步，正因为有了这个进步，现在中国的孩子们因父母的无知，在家被父母打骂会得到社会和法律的保护，不再像以前一样只被认为是某个家庭的私事。这样的语境营造，不但为故事本身做了铺垫，更是一种鼓舞人心的、积极的话语，真实地再现了中国在反家暴方面做出的努力，在反家暴立法上取得的成绩。

角色和行为分析上，《中国日报》海外版和《纽约时报》的处理方式相同，对人物的刻画都十分简单，总体来说没有把报道重点放在人物性格和行为上，而是放在对这件事的评论上。通过人物刻画表达的立场不同：《纽约时报》的立场是对中国"黄荆条下出好人"传统观念的不赞同；《中国日报》海外版立场是：中国社会对实施家暴父亲的谴责。具体体现在：

《纽约时报》以一个小逸事开篇，其中一位是中国小学生的父亲，他对"黄荆条下出好人"的教育观念深信不疑，还用这种教育方法影响其他的家长。新闻制作者以这个故事开头，说明他认为这个中国父亲的价值观代表了很多中国家长的价值观，因而说明这个观念在中国很普遍。报道中对这位父亲的行为只是进行了简单介绍。由于这篇报道不是人物特写的报道，所以对人物的刻画比较简略。同时，新闻制作者通过描述中西方家长之间的对话，使读者看见中西方不同的观念，更重要的是，通过一位父亲做出扇人耳光的动作描绘出中国父母教育孩子时体罚已成为习惯，并不认为它是家暴。从这里可以看出，新闻制作者对"黄荆条下出好人"的观念和行为持负面态度，对中国反家暴立法中将父母对孩子的体罚纳入"家暴"范畴，持正面和鼓励的态度。

《中国日报》海外版讲了一个11岁的小女孩仅仅因为拒绝解释回家晚

险些被自己的父亲殴打致死的事件。报道对实施家暴的父亲只是做了简单介绍，但是，想要传达的立场和观点是：全社会都应该谴责这位家暴父亲的行为。也就是说，《中国日报》海外版和《纽约时报》在反家暴议题的报道上都更加侧重于事件本身，但想要表达的立场却是不同的。

方法上，《中国日报》海外版和《纽约时报》报道的相同点是：都有很清晰的叙事界面，使读者很容易领会它们所要传达的观点和立场。通过界面表达不同的立场：《纽约时报》的态度更多是对中国"黄荆条下出好人"文化的不认同；《中国日报》海外版正面呈现了中国政府对儿童的关心和保护。

《纽约时报》的这篇写于中国反家暴立法之时的报道的界面设计路径简洁。首先，新闻制作者并没有只关注"物"，而是把"人"作为主要的描述对象，与读者共情，并通过这些来反映"物"的情况。比如，开篇针对一位中国父亲和一位西方父亲之间是否应该将体罚孩子作为教育方法的争论，新闻制作者表达了对中国传统观念"黄荆条下出好人"的不认同。其次，为了体现出确实有很多中国家长存在体罚孩子的问题，也就是说中国家长体罚孩子是个普遍现象，新闻制作者用研究和数据说话，显得非常客观，这也是新闻叙事中为了让界面设计清晰、路径简洁的一种很常用的方法。

《中国日报》海外版的这篇报道以一张李克强总理在儿童节前夕去医院看望儿童的照片开头，向小朋友表达了他对他们的祝愿。这样的界面设计给人十分亲切的感觉，作为总理如此平易近人，亲自到医院看望小朋友；而一个国家的总理的姿态基本就是这个国家政府的姿态，受众很容易感觉到中国政府关心儿童，在儿童保护方面做出的积极努力。

叙事目的上，《中国日报》海外版和《纽约时报》不同：前者要表明美国在反家暴方面的优势；后者要强调中国在反家暴方面取得的成就。但是在达成不同目的时，二者的报道都符合相同的原则：均衡说服原则。具体表现在：

《纽约时报》的设定受到它自身视角的局限，会强化外国受众对中国文化的不满和不解，低估中国政府做出的努力，也弱化中国在反家暴和发展方面取得的巨大成就。《纽约时报》的报道，站在美国人的角度，自然认为自己国家在反家暴和发展方面做得比中国更好，所以即使是中国反家暴立法这样一个凸显中国妇女儿童以及弱势群体地位提升的重要事件发生之时，《纽约时报》进行的报道却主要指出了中国反家暴中存在的问题以及力度还不够。但是，为了保证符合合作协商的原则，新闻制作者也表达了对这一巨大进步的承认。所以尽管立场不同，但报道体现了均衡说服原则。

《中国日报》海外版的这篇报道面向海外受众，自然需要客观公正地评价中国在反家暴和发展方面做出的努力，突出中国通过反家暴立法为女性和弱势群体保护做了很多具体的工作。但是，为了保证合作协商的多元开放性原则，新闻制作者首先通过对广东省妇联 2014 年做的一次调查的描述，说明了许多中国父母并没有意识到打骂孩子有什么问题，而后进一步指出反家暴立法给中国父母带来了新的规范和认知，对传统观念"黄荆条下出好人"的批评；对严厉与暴力的区分；对儿童不良行为的责任的描述，这些不同角度的描述可以满足不同受众的心理需要。海外受众看到中国不掩盖问题，不推卸责任的态度；中国受众看到中国在反家暴方面的努力和进步。这一点同时也体现了均衡说服原则。

从新闻图式的角度看，从《纽约时报》报道的标题 "China's Harsh Child Discipline, Through the Lens of Domestic Violence"（《从家暴的视角看

中国对孩子的严厉》）来看，报道的重点集中在两个方面：家暴的视角和中国孩子遭受体罚。另外，从报道的导语"The continued use of corporal punishment by Chinese parents has stoked new debate in light of a recent law against abuse within the family."（翻译：在最近反家暴立法的背景下，中国父母一直以来体罚孩子的教育方式引发了新的争论。）来看，这篇报道写于反家暴立法之时，这一事件在中国是一个具有划时代意义的事件，表现了中国政府和人民在提高妇女儿童地位方面做出的努力，在反家暴方面一个巨大的进步。从《中国日报》海外版的报道标题"Better promote and enforce law to protect children"（《进一步推动和执行保护孩子的法律》）来看，报道的重点就是推动和执行反家暴法律，以保护孩子。这篇报道写于反家暴立法之后，但是，从报道中可以看出，虽然已经立法，但我们还需要不断推动和执行这项法律才能更好地保护孩子。

但是，不同于《中国日报》海外版，《纽约时报》在报道的时候，虽然表面上赞扬了反家暴立法将孩子包含在内是孩子们的福音，但是，却把中国的"黄荆条下出好人"的传统教育观念与反家暴立法之间的矛盾放在了更重要的位置，并用了"引发新的争论"来形容。从新闻图式的角度分析，低层次主题"中国父母体罚孩子是经常见的教育方法"，因为《纽约时报》的特殊关注被提到了标题和导语的位置上来，显得比"中国反家暴立法"更加重要。同时，报道的主要事件是"中国父母体罚孩子是普遍现象"，"中国反家暴立法"反而成为该事件的一个背景，并衬托出了一些讽刺的味道。从整个语篇的基调来看，《纽约时报》认为中国在反家暴方面虽有进步，却依然存在很多问题，力度不够。

句子分析可以看出，《中国日报》海外版和《纽约时报》的相同点在于：都善用修辞表达观点和立场，体现意识形态意义。不同点在于：传达的价值观和意识形态不同。具体体现在：

对《纽约时报》报道中的句子结构进行分析可以看出，新闻话语中的名词化方式隐含地指出了中国政府在反家暴方面的不足，体现出了意识形态的意义。同时用了讽刺和引用的手法，虽承认反家暴立法是一大进步，实际上指出了中国在反家暴方面做得还不够。

《中国日报》海外版报道中的句子被动化的使用使中国父母作为动作发出者被模糊化，表达显得委婉。而修辞方面，《中国日报》海外版的报道通过使用引用的修辞手法表达了对中国传统观念"黄荆条下出好人"的不赞同，并表示这个观念已经过时，不应该成为中国父母教育孩子的行为依据。这样真诚的表达与海外受众的想法不谋而合，一定会让他们产生认同感。同时，通过对李克强总理和《中国青年报》的间接引语，表明了中国政府保护儿童的态度，也表明了父母体罚孩子的教育方式在中国依然普遍存在，说明《中国日报》海外版对自身存在的问题不避讳，真实客观的报道态度。

从词汇运用的角度看，《中国日报》海外版和《纽约时报》相同点在于：在对反家暴议题进行报道时都用了不少负面词汇。不同点在于：《纽约时报》用负面词汇呈现对中国反家暴的整体负面评价；《中国日报》海外版以微观负面词汇呈现不足，以通篇立意表明立场。具体体现在：

《纽约时报》的报道中有四个主要的描述对象：（1）两个参加家长会的父亲；（2）"黄荆条下出好人"的传统观念和教育方式；（3）中国反家暴立法；（4）中国妇女儿童保护进程。在这四个被重点描述的对象中，只有中国反家暴立法这一描述对象被褒扬，其他的三个对象都被负面描述，总体呈负面态度。

《中国日报》海外版的报道词汇层面的分析在报道中有四个主要对象，

其中两个被负面描述：（1）"黄荆条下出好人"的传统观念；（2）传统的中国父母。两个被正面描述：（1）中国反家暴立法；（2）中国妇女儿童保护进程。从这几个对象来看，《中国日报》海外版在承认仍有一些问题需要解决的同时指出中国在推进妇女儿童保护这项事业的大方向上是好的，其中反家暴立法是这个过程中最为突出的成绩。

二、女性维权议题上言语实践分析比较

费尔克劳的三维话语分析框架的第二阶段是阐释。与描写不同的是，阐释会分析这种文本与话语实践之间的关系。费尔克劳认为语篇与话语实践过程关系的阐释分析就是互文性分析。

下面进行《中国日报》海外版和《纽约时报》中的新闻来源分析。本研究对《纽约时报》上搜索到的6篇反家暴议题以及《中国日报》海外版上搜索到的20篇相关议题的具体新闻来源进行比较。如表3-1所示：

表3-1 在中国女性维权议题上，

《中国日报》海外版和《纽约时报》中的新闻来源比较①

	具体新闻来源	模糊新闻来源	不具体新闻来源	总数
New York Times	4（66.7%）	2（33.3%）	0（0%）	6（100%）
China Daily	10（50%）	2（10%）	8（40%）	20（100%）

从表3-1中我们可以看出，《纽约时报》关于中国反家暴情况的报道中没有不具体的新闻来源，而《中国日报》海外版包括了具体新闻来源、

---

① 这里的具体新闻来源是指有作者信息的新闻话语来源；模糊新闻来源是指有出处无作者信息的新闻话语来源；不具体新闻来源是指完全无出处的新闻话语来源。

模糊新闻来源和不具体新闻来源三种类型。《纽约时报》使用具体新闻来源的比例大大高于模糊新闻来源和不具体新闻来源，具体新闻来源占66.7%，而模糊新闻来源占33.3%，没有不具体新闻来源。《中国日报》海外版的具体新闻来源占50%，模糊新闻来源占10%，不具体新闻来源占40%。

通过以上比较我们看出，在中国反家暴议题的报道中，《中国日报》海外版和《纽约时报》有具体新闻来源的报道比例都比较高，这就说明，它们在报道中国反家暴议题时都是持客观的态度。

报道模式在费尔克劳的三维话语分析框架的第二阶段阐释中占有重要地位。新闻报道模式有两个重要的形式：直接话语呈现和间接话语呈现。直接话语呈现说得简单一点就是直接引语。间接话语呈现其实就是我们说的间接引语。直接引语会显得更加客观，间接引语会更多地加入新闻制作者的观点和态度。相比较而言，《中国日报》海外版和《纽约时报》在中国反家暴议题的报道上几乎都用了直接引语，新闻报道体现出更多的客观性。

在反家暴议题的阐释阶段，《中国日报》海外版和《纽约时报》的新闻来源和新闻报道模式都体现出了更多的客观性。

三、女性维权议题上社会实践分析比较

从文本分析的比较中可以看到，《纽约时报》报道立场是：指出中国反家暴问题为主，肯定进步为辅。话语特点是：用有效的话语言说方式呈现对中国反家暴议题的负面态度。与之相反的，《中国日报》海外版的立场是：肯定反家暴方面的进步为主，指出相关问题为辅。话语特点是：以通篇立意表明认同立场，以微观负面词汇呈现不足。

　　本研究的话语分析基于福柯关于话语和社会现实存在着相互构建的关系基本原则。《纽约时报》在报道中国反家暴立法时使用的话语与美国相比，中国的反家暴实践比较晚，甚至有很多问题有待解决，比如，上面说到的中国文化传统思想观念"黄荆条下出好人"等，需要通过教育来改变。报道中的话语是外媒用以在受众的认知中构建中国"反家暴"社会现状的工具，这与美国自身的社会文化价值观有直接联系。费尔克劳说，一方面，话语是文化价值观和意识形态发挥作用的载体，是其最有效的传播手段之一；另一方面，文化价值观和意识形态是话语维系社会并使其发生变革的"灵魂"（王泽霞、杨忠，2008）。相比于美国，中国在对暴力的立法上实施较晚，反家暴法实施之后的执行效果也有待提高。所以，不难理解《纽约时报》在微观的文本分析中体现出的话语特点是：用有效的话语言说方式呈现对中国反家暴议题的负面态度。

　　中国涉外媒体在充分理解中国社会反家暴现实的基础上，有责任对外国媒体因社会文化价值观偏见做出的负面判断进行有效回应。比如，要进一步澄清美国报纸对传统文化观念的误读。中国涉外媒体不可能完全改变外媒观点，但可以在他们关切的问题上用更准确更客观的话语表达来呈现自己的观点。

第四章

女性发展议题的媒体表达与积极话语分析

第一节　女性发展议题的社会背景

女性发展和人类进步是密不可分的。随着生产力的解放和发展，很多女性从家庭走出来参与社会发展，在实现自身发展的同时为人类进步做出了不可忽视的贡献。但是，在"男主外女主内"的传统观念影响下，职业女性必须克服角色冲突，一方面，是家里照顾老人孩子的主力军，另一方面，兼顾职业发展的同时还要承担社会责任。中国实行二孩政策以后，很多女性在社会上遭遇就业歧视、"玻璃天花板"、收入差异化等问题。在实现中华民族伟大复兴的社会背景下，更加需要改善女性地位、提升女性素质。

女性发展问题一直是马克思主义关注的问题，马克思用辩证唯物主义的视阈来探索女性发展的演变规律；在《1844年经济学哲学手稿》里马克思阐释了劳动异化理论，该理论认为女性发展的首要问题是消灭阶级压迫；在《共产党宣言》中马克思阐述了人类社会的发展规律，指出了私有制是女性受压迫的历史根源，要想真正解放女性就要消灭剥削制；在《家庭、私有制和国家的起源》里马克思考察了历史发展长河里女性地位的变化，对女性发展问题进行系统的阐述，为女性发展提供了强大的理论基础（丘小维、蒋玉娟，2017）。

女性受压迫随着私有制和阶级的产生而产生。随着社会分工的推进，人类从原始社会进入阶级社会，手工业从农业中分离出来，剩余产品出现，私有制和阶级的产生瓦解了旧式劳动分工，社会生产和交换方式发生变更。那时候的生产力水平低下，社会生产主要取决于劳动者的体力，因此男性凭借体能优势开始主导社会生产，女性则转而以家庭为中心。男性对生活资料的谋取能力更强，使他们可以远离家庭劳务，并且因为生活资料的谋取能力变强，男性的地位得到提升，并支配着财产，而女性就处于从属地位，没有话语权也没有财产的处置权，女性丧失了参与社会的权利，更不用说发展。因此，很容易理解，私有制和阶级是女性受压迫的历史根源，女性受压迫的实质是阶级的压迫。工业革命之后，生产劳动开始非体力化，社会分工开始精细化，女性体力不足的先天劣势变得没有那么明显，她们的长处和优势开始凸显出来，这给女性从家庭走入社会生产劳动创造了条件，女性的主体意识得到提升，不再处于从属地位，而是积极地投入经济社会生活的各个领域，社会经济地位不断提高。总而言之，私有制的消灭加速了女性的解放和发展。

女性的发展是社会进步的标志。女性繁衍后代、养育子女、照料家庭，延续着人类生命，创造着历史，推动着社会的变革和文明的发展，人类社会的发展离不开女性的发展。女性在长期的家庭工作和重复工作中处理着复杂的人际关系，具有丰富的情感和协调性，她们善于合作，也懂得容忍，亲和力很强，这些特质非常符合人类社会进步发展的本质要求，更能展示人类社会美德与文明的内涵。女性的发展使人类社会更好地超越局限，实现全面自由的发展。

第二节 中国女性发展议题的社会背景

中美两国女性解放与发展之路经历了不同的过程。20 世纪 20 年代初期，美国女性开始为摆脱男权社会，有了思想进步的萌芽；同一时期的中国广大女性仍然深受性别不平等歧视的影响。20 年代中期，美国女性的思想更加先进，视野更加开阔，阅历也比之前更为丰富，美国女权主义进入探索阶段，一系列体制也更加完善；而同时期的中国则刚刚开始有女权主义的概念，男尊女卑和封建思想在中国女性脑海中深深扎根，男女平等仍是幻想。20 世纪八九十年代，美国女权主义取得胜利，女性完全得到解放，她们在社会、经济、政治上取得了平等地位和合法权益，女性的社会平等意识逐渐增强，整个社会洋溢着平等、尊重、和谐的氛围。相比较美国，中国女性开始意识到自己深受男权的压制和迫害，开始寻求自己应有的权益和社会平等。到 21 世纪初，中国的女性解放和发展逐步完善，女性平等开始广泛深入。两者对比，中国的女性发展历程虽落后于美国，但是，通过不懈努力，女性思想的不断创新，女性解放在中国已经取得了胜利。女性创业议题是具有典型性的女性发展议题。20 世纪 90 年代以来，中国女性创业的崛起引人瞩目。数据显示，中国的企业家中有 1/4 左右是女企业家①，与此同时，全球主要经济体正在进入一场"性别红利"竞赛，各国政府都聚焦女性商业力量。

进入 21 世纪，中国女性创业的蔚然兴起，成为这个时代最突出的标

---

① 中国的女企业家占总数的 1/4，女性面临这些困难［EB/OL］. 搜狐网，2017 - 08 - 06.

志之一。2015 年，政府工作报告中首次写入"大众创业，万众创新"。全球创业最活跃的国家便是中国。中国女性的创业活动指数明显高于全球平均水平。在中国经济最发达的省份之一浙江省，平均每 19 个女性中就有一个是老板①。由此可见，中国的女性创业已日趋成为一种"新常态"。

商业是公平的竞技场，创业是一场"无性别运动"。女性创业具有自身的特性。互联网的普及带来了机会的公平性和均等性。女性在获取信息、资金、社会网络等关键资源方面的环境大大改善。现代女性受教育程度大大提高，比以往更加具有进取心，也更加关注自身的前途和未来。中国经济转型升级释放了巨大的空间，伴随着新业态的不断涌现，女性创业者进入更多新兴行业和领域。女性在我国经济发展中扮演着崭新的角色。

与 20 世纪 90 年代的中国女性创业相比，外部环境以及自主创业的需求、动力、观念已经发生了巨大改变。总体来看，20 世纪的创业以"需求型创业"为特征，以改善物质条件为动力，社会对女性企业家持有一定成见。而现今的创业以"机会型创业"为特征，以创造新的社会价值为动力，女性创业者获得了更多社会的认可。

对中美女性发展实力进程的对比和对中国女性发展现状的了解帮助我们认识到：中美两国女性解放和发展历程虽不相同，但都已得到基本的解放。从目前的情况看，中国女性发展正经历最快速发展的十年，现在的女性发展进程并不比美国慢，许多中国优秀女性创立的企业为国际社会做出了巨大贡献，造福世界。

在中国社会鼓励女性创业，给予女性更多发展空间的今天，中国成功

---

① 浙江发布首份女性创业蓝皮书 19 个女人中有一个是老板［N］. 杭州日报，2017 - 01 - 08.

创业女性数量空前增加，取得傲人的成绩，为中国乃至国际社会做出不容忽视的贡献。这一切是国际媒体不会忽视的国家传播内容。中国成功女性的个性特质和价值观与美国成功女性有很多共性，本研究发现美国媒体在中国女性发展议题的报道中大多持正面态度，通过积极的话语反映和构建中国女性发展现实和中国成功女性特质。美国媒体的积极话语表达技巧对中国涉外媒体提升自身的媒体表达能力，增强国家传播力有借鉴意义。

中国女性发展的媒体表达研究应在了解美国女性发展历史的基础上，从当下中国女性发展的实际情况出发，让国际受众了解中国女性发展取得的成就，强调中国女性与美国女性在历史发展进程、性格特质和社会文化方面的共性，构建国际受众共同认知的内容。提高相关议题的媒体表达技巧，构建中国特色的女性发展传播体系，提升讲好中国女性发展故事的话语技巧。

第三节　积极话语分析视角下
中国涉外媒体女性发展议题媒体表达

一、文本维度积极媒体语言的可提升空间

《中国日报》海外版报道"Breaking through the glass ceiling with perseverance"讲述唐维尼的生活经历和创业经历、她对 IT 行业的认知，以及在人生转折点上做出的决定，刻画了一个中国成功创业女性的品质和形象。

（一）《中国日报》海外版文本的语篇分析

1. 语境分析

这篇报道中的语境营造可以从几个方面来思考。首先，唐女士的创业语境；其次，唐女士在 GIS 行业内获得商业成功的语境。

> 例 1 In 1997, she quit her job as associate professor at HKU and star-ted the city's first GIS company – renting a 20 – odd – square – meter office in Sheung Wan. She single – handedly ran the show, thrusting herself into every single job – from painting the wall, boiling water and writing checks to getting clients.

> It was a time she felt the "hostile" environment against female entre-preneurs had never been greater – a problem that still persists today. （翻译：1997 年，她放弃了在中国香港大学当副教授的工作，在那里创立了她的第一家地理信息系统公司。她租了一间 20 平方米的办公室，靠自己的双手运营公司，她自己也投入每一项具体工作中去——从粉刷墙壁、烧水到为客户写支票。那时候，她感觉到女性创业者的创业环境还是"敌意"的——而这个问题现在依然存在。）

例 1 是对她创业大环境的描写，1997 年中国的女性创业环境还不尽如人意，但是，这并没有影响她作为个人的创业热情，她依靠个人力量一步一个脚印地推进创业进程，所以才有了今天的成功。这样的语境营造，更加突出了女性个人努力和奋斗在成功路上的作用。

> 例 2 Tang's interest in the geographic information system dates back to her childhood.

> "I'm not tall. Whenever I go to the library, I can only manage to pull

out the books from the lower shelves – many of them just maps and geographic books," she recalls, having collected more than 10, 000 maps to date. （翻译：唐女士对地理信息系统的兴趣可以追溯到她的童年时代。她回忆道："我不高，每次去图书馆，我都只能拿到放在比较低的书架上的书，很多都是地图或者地理书。"到目前为止她已经搜集了 10, 000 多张地图。）

例 2 是对她在 GIS 行业取得成功的小语境描写。她的创业勇气来源于她从小对地理信息系统的浓厚兴趣。如果不是这般浓厚的兴趣，她不会放弃香港大学副教授的工作投身到创业浪潮中。

2. 角色分析

说服者营造好了适当的语境后，就需要对叙事中的角色进行设计。这篇报道中通过对唐女士作为主要角色的描写，以总结出什么样的角色塑造方式可以给受众或读者更正面的、深刻的印象。

例 1 描写了唐女士早年的创业经历，体现了一个女性创业者敢于打破女性传统思维，放弃稳定生活的果敢精神，也体现了唐女士作为一个优秀女性的个人际遇，也就是她的命运感。这里可以突出体现她的人格化特征，比如，她需要自己克服许多的困难，在创业过程中离不开她坚韧和吃苦耐劳的精神。

例 2 同时也是对唐女士的人格化描写，通过唐女士在图书馆的行为体现了她从小对地理信息系统的浓厚兴趣，而这些为她后来的成功奠定了基础。

例 3　In those days, she tells China Daily, she would be dismissed as merely a "sales person" every time she knocked on the doors of government bureaus, property developers and small – and – medium sized enterprises – a stark contrast when she was a reverent professor at college. Her first order did not come along until the eleventh month. （翻译：她告诉《中国日报》，在那些日子里，做一个营销人员让人感到沮丧，当她去敲政府部门、开发商和中小企业的门时，这些与她做一个大学教授的体验完全不同。她干到第十一个月才有了第一份订单。）

例3也属于比较典型的人格化描写，体现了她创业初期万事开头难的际遇，也体现了一个成功女性创业者要经历的困难和她身体里爆发出的克服困难的勇气。

例4　She mentors them meticulously while giving them maximum exposure to frontline activities with rigorous training in the field and overseas trips.（翻译：她谨小慎微地培养她们，并让她们最大限度地在第一线接受锻炼，在内地和海外的旅程中接受严格的培训。）

"Definitely, they can make a difference in this sector," she says.（翻译：她说："这是必然的，她们可以在这个行业产生影响力。"）

例4描写了她的企业越做越大之后，对其他女性从业者的培养和影响。作为一个女性领导者，她并不会只专注于自身作为一个个体的发展，而是把注意力放在公司女性群体的培养和发展上面，把她们放到实践的工作中去锻炼，给予她们成长的机会。并且，对于她们今后事业上的成长信心十足。

3. 行为分析

人的行为有大格局也有微内容。大格局包括立德、立功、立言，护持家国天下，乃至普济十方众生、解放全人类，为国争荣誉、为世界谋福利；微内容是生活中的绵细精微之处，譬如，生活中的"小惊喜""小胜利"。大格局是对那些行为价值的追求，比如，善良、幸福、友谊、正义、公平、和谐；微内容是偶然的行为，无序而具有不确定性。下面将对这篇报道中的角色行为进行细致的解读和分析。

例 5　Winnie Tang, chief executive officer of GIS provider Esri China (Hong Kong) Ltd, has all the hallmarks of an entrepreneur. She's viewed as an "atypical" leader in the information – technology field, in which she has sunk her roots in the past two decades. （翻译：唐维尼，美国环境系统研究所公司，地理信息系统供应商的首席执行长官，有着创业者所具备的所有特点。她在信息技术领域扎根 20 年，被认为是该领域的"非典型"领导者。）

例 5 是对唐女士行为大格局的描述。她作为一位女性，成为一家信息技术公司的首席执行长官，并在这个行业扎根，这在行业内是很少见的。这为很多希望通过自身努力实现自我价值的女性树立了榜样，展现了中国女性积极发展自我、担负社会责任、推动社会进步的精神。

语境分析中的例 2 也可以作为行为分析的例子。例 2 可以看成是唐女士行为上的微内容，从她在图书馆的具体行为动作入手，描写了她儿时对地图的兴趣爱好，而她个人的兴趣恰恰支撑了她成年后的理想和实践，以及她在信息技术领域做出的贡献。

所以，在描写行为时，这种既有大格局又有微内容的方式更能够全方位多视角地展示一个有血有肉的人物的特征，使人物更具人格魅力。说服者所欲倡导、激发的行为，正应当从大格局、微内容两端切入。大格局者顺天应人，微内容者直面自我。

4. 方法分析

这一篇关于女性创业者的新闻报道的界面设计就具有亲和力,首先,作者把着眼点放在对"人"的描写上,报道对唐女士的个人生活经历进行了细致的描写。通过细节化的行为和语言描写,以及活生生的个人生活经历描写,展现在受众面前的是一个有血有肉、人格丰富而独立的女性以及她的传奇故事,使读者很容易与之产生共情,对她不仅仅有崇敬之情,更有爱戴之心。另外,除了对人物的描写,报道还通过列举数据对参与唐女士地理信息系统行业的女性状况做了介绍。如例6所示。

例6 In Hong Kong, women account for just 17 percent of the IT workforce, compared with 25 percent in the United States and 30 percent in Singapore, according to Tang. Currently helming an office manned by some 100 employees, Tang says more than 40 percent of her staff are female. (翻译:唐女士告诉我们,香港的劳动力市场,女性占了17%的份额;在美国,这个数字是25%;在新加坡,这个数字是30%。现在唐女士的办公室有100多名员工,其中40%的员工是女性。)

这样的界面设计清晰,易参与,易得到受众的接受。从说服者一端看,这是一种策略选择、方法设计,通过清晰明了的数据,使受众对女性在唐女士公司的就业情况、女性的整体就业情况有了一个清晰的了解。

总之,这篇报道在说服受众的方法上,描写人物的界面设计十分有亲和力;叙述事物的界面设计也清晰明了,能够站在受众的角度体验和考虑。

5. 目的分析

一篇成功地说服性报道的目的要符合人对利益和价值的基本追求,把强加的社会义务变成自发的、符合内在追求的行动。女性发展本是社会发展的一个重要方面，也可以说是一种社会义务，对整体社会结构有重要意义。这篇报道对唐女士的成功经历进行了描绘，以及刻画了她作为成功女性创业者个人特质，比如，坚韧、能吃苦、果敢、领导力强、对事业信心十足等。这些符合所有有梦想、敢追求的中国女性的价值观，很容易引起共鸣，同时也符合女性实现自我的内在需求，给予了有相同价值追求的女性信心和勇气。所以，这篇《中国日报》海外版的报道非常符合价值同构原则。这篇报道观点很明确，即肯定中国女性在信息技术行业取得的成就，赞扬唐女士作为女性成功创业者代表的优秀品质。

新闻图式上，从这篇报道的标题"Breaking through the glass ceiling with perseverance"（《用毅力打破玻璃天花板》）和导语"Winnie Tang, chief executive officer of GIS provider Esri China (Hong Kong) Ltd, has all the hallmarks of an entrepreneur. She's viewed as an "atypical" leader in the information – technology field, in which she has sunk her roots in the past two decades."（翻译：唐维尼，美国环境系统研究所中国香港分公司，地理信息系统供应商的首席执行长官，有着创业者所具备的所有特点。她在信息技术领域扎根 20 年，被认为是该领域的"非典型"领导者。）中可以看出报道想要表现的主题就是：唐女士作为女性创业者，依靠自身能力以及优秀品质打破女性创业以及在 IT 行业的局限，创立她的企业并站稳脚跟。所以，如果要更加细致地分清这篇报道属于批评话语分析还是积极话语分析，可以根据它通过关注积极的、鼓舞人心的话语塑造一个值得全世界女性学习的正面形象，并且主题非常明确，新闻创作者并没有把次要主题提到主要主题的位置上，由此可以断定这篇报道属于积极话语分析。

通过对这篇报道的语篇分析，我们发现《中国日报》海外版在女性发展议题上的话语特点是：从叙事结构上看，有大语境描绘也有小语境营造。有较简单的角色人格化和命运感描述，体现了一个成功女性创业者坚韧、能吃苦、果敢、领导力强、对事业信心十足的特质。行为描写上有大格局也有微内容，既代表了中国女性积极发展自我，担负社会责任、推动社会进步的积极事例，又体现出个人的兴趣爱好在成就一个人的理想时起到的重要作用。但是，总体上看，人物经历的描写过于简单，只用一两句话概括了她开始创业时的经历，在人物行为、语言、心理描写上不够细致。

在中国女性发展议题上，《中国日报》海外版的立场是：赞扬中国创业女性的优秀品质，主要体现在客观详细地描述了唐维尼作为女性创业者，如何依靠自身能力，在社会还没有给予女性太多支持的年代，打破女性创业以及在 IT 行业的局限，创立自己的企业并站稳脚跟。

（二）《中国日报》海外版文本的句子分析

根据费尔克劳的三维模式，很多学者在文本分析中分析了句子的及物性、主题、修辞和引语。

这篇报道并没有使用太多的被动语和名词化的方式来突出新闻制作者的观点和意图，或者弱化和淡化动作发出者。所以，在女性发展议题中我们更多用到的是积极话语分析，找出那些鼓舞人心的、描写中国女性创业者经历的、表现她们优秀品质的话语。

从这篇报道的标题和导语中可以看出报道想要表现的主题非常明确，并没有掺杂任何其他的意图。从大的方面看，作为中国主流涉外媒体的《中国日报》海外版从正面的角度宣扬中国女性发展方面的成绩；从小的方面看，唐女士作为女性，依靠自身点滴努力把从小的兴趣爱好发展成了一项事业，打破传统观念对女性从事 IT 行业很难有发展的限制，并获得了成功，激励了很多与她一样有梦想的女性。

修辞手法的运用在这一篇报道中也没有明显的体现，新闻制作者就是客观地陈述一个新闻事实，通过事实表达了对中国女性创业者的肯定和赞扬。

这篇报道在引语的运用上还是值得借鉴的。我们知道，新闻制作者所选择的说话人可能会有一些意识形态意义，同时也能通过这些人的身份表现出新闻的客观性。

例1　"I'm not tall. Whenever I go to the library, I can only manage to pull out the books from the lower shelves – many of them just maps and geographic books," she recalls, having collected more than 10, 000 maps to date.（翻译：她回忆道："我不高，每次去图书馆，我都只能拿到放在比较低的书架上的书，很多都是地图或者地理书。"到目前为止她已经搜集了1, 0000 多张地图。）

例2　"The biggest challenge to a female entrepreneur in this field is being able to convince others that women can do an IT job as well. It's still a world dominated by men and, hopefully, more girls can pick computer science."（翻译：该领域女性创业者最大的挑战就是说服其他女性也可以从事信息技术行业。这依然是一个男性主导的世界，希望有更多的女性可以选择计算机科学。）

例3　"Definitely, they can make a difference in this sector," she says.（翻译：她说："这是必然的，她们可以在这个行业产生影响力。"）

这篇报道有几处对唐女士话语的直接引用。也就是说，新闻制作者选择了唐女士的角度进行观察。唐女士话语所传递的价值观，比如，兴趣爱好对个人成就的意义、女性创业者在男性主导的社会想要在信息技术行业取得成就的难度、在这个领域取得成就后对其他女性的激励，这同时也是《中国日报》海外版新闻报道制作者的价值判断和想要宣扬的价值观。强调这些价值观不但可以激励中国其他有梦想的女性实现个人奋斗目标，而且因为这些价值观与西方受众对女性的认知和发展价值观是一致的，所以对讲好中国女性故事、吸引海外受众关注中国女性发展、提高在女性发展方面的国际话语权有积极影响。

（三）《中国日报》海外版文本的词汇分析

观察报道中所用的是正面词汇还是负面词汇可以反映出新闻制作者的观点和态度。这篇报道中的词汇主要有三个描述对象：唐女士本人、唐女士的行为、唐女士的创业环境。看下面的例子：

例 1 In those days, she tells China Daily, she would be <u>dismissed</u>（翻译：开除）as merely a "sales person" every time...

But, despite her rich experience in the field, Tang feels she's still an <u>alien</u>（翻译：门外汉，新手）in the IT business, and looks forward to seeing more women taking the plunge here.

例 1 是对唐女士本人的描写。"dismissed"（开除）被用来形容她刚刚开始创业时的情况，说明当时她初做销售人员时所经历的艰难。现在，尽管她已经在地理信息系统领域做出了很多成绩，她自己感觉依然是"alien"（门外汉），这体现出作为成功创业者唐女士的谦虚，且对自身高要求的特质。这些价值观都符合西方受众对女性创业者的期盼，更容易赢得她们的心。

例2　In 1997, she quit her job as associate professor at HKU and started the city's first GIS company – renting a 20 – odd – square – meter office in Sheung Wan. She single – handedly（翻译：单枪匹马地）ran the show, thrusting herself into（翻译：投身于）every single job – from painting the wall, boiling water and writing checks to getting clients.

She mentors them meticulously（翻译：谨小慎微地）while giving them maximum exposure to frontline activities with rigorous（翻译：严格的）training in the field and overseas trips.

例2是对唐女士行为的描写。"single – handedly"（单枪匹马地）和 "thrusting herself into"（投身于）用于描写她刚创业时的行为，她靠着自己的力量，积极地投身到每一项细微的工作当中去，体现了一个女性初创自己公司时的艰难和她坚持不懈的努力。"meticulously"（谨小慎微地）用来说明唐女士成功后指导员工的态度。"rigorous"（严格的）用来形容她对员工的培训，成功没有偶然，点点滴滴都是努力。这些可以与受众产生共鸣，让他们感受到中国新女性的独立和坚强，符合普遍的价值观，可以赢得海外受众的认可。

例3　It was a time she felt the "hostile"（翻译：敌意的）environment against female entrepreneurs had never been greater – a problem that still persists today.

例3是唐女士创业环境的描写。用"hostile"（敌意的）来形容女性的创业环境，说明了中国社会对女性发展的支持还可以更进一步，给海外受众的感觉可能是不夸大女性发展进程，而是实事求是地表现中国女性的发展步伐。

在词汇分析中，我们发现这篇报道在女性发展议题上的词汇大多数是正面词汇，比如"投身于""谨小慎微地""严格的"，用来描述唐女士的行为，但是对于唐女士的性格和外貌并没有描述得那么生动具体。

（四）文本分析小结

综上所述，通过对《中国日报》这一篇报道的语篇分析，我们发现它的叙事结构可以很好地说服读者接受自己的观点，无论从语境营造、角色选择、行为描述、界面设定和目的设定的角度分析都是一篇成功地说服性叙事报道。语境营造上，既有对大语境的描述也有对小语境的勾画。角色塑造上，通过对唐女士生活经历的一些细节描写展现了唐女士作为一个成功女性创业者的个性、灵魂和价值。行为描述上有大格局也有微内容。报道的界面设计有亲和力，超越了单纯的工具理性。叙事目的明确，肯定中国女性在信息技术行业取得的成就，赞扬唐女士作为女性成功创业者代表的优秀品质。

新闻图式上，通过标题和导语分析发现，报道想要表现的主题是：唐女士作为女性创业者，如何凭借自身能力以及优秀品质打破女性创业以及在IT行业的局限，创立她的企业并站稳脚跟。总体体现了中国社会给予女性很好的创业环境，赞扬了中国女性创业者身上所特有的品质。

在词汇分析中，我们发现这篇《中国日报》海外版在女性发展议题上的词汇大多数也是正面词汇。

二、言语实践中新闻客观性与引语

通过以下几个《中国日报》海外版的例子，分析一下我们能否通过报道看出信息是由谁提供的，也就是其新闻来源：

1. "We will experience many failures in life and every time we do it is important to stay strong and positive and never give up," Du Juan said. "The road to success is never easy and it is important to change your stumbling blocks to stepping stones." （翻译：杜鹃说："我们会经历很多的失败，每次我们做事，保持坚强和乐观以及不放弃的精神很重要。通向成功的道路从来都不那么容易，重要的是把绊脚石变成垫脚石。"）这一句是具体新闻来源，来自 GOME 的最高执行长官杜鹃。

2. "The biggest challenge to a female entrepreneur in this field is being able to convince others that women can do an IT job as well. It's still a world dominated men and, hopefully, more girls can pick computer science." said Tang. （翻译：唐女士说："该领域女性创业者最大的挑战就是说服其他人，女性也可以从事信息技术行业。这依然是一个男性主导的世界，希望有更多的女性可以选择计算机科学。"）这一句也是具体新闻来源，来自中国 GIS 平台，地理信息系统的最高执行长官唐女士。

3. "I had never known housekeeping was a thing people could be paid for. It was the kind of work I was good at, and suddenly, I could earn money!" Zhao said. （翻译：赵女士说："我以前从不知道家政是一个人们会为之花钱的事。这是我擅长的工作，突然之间，我就可以挣钱了!"）这一句是具体新闻来源，来自赵芷秀，她在甘肃兰州开了一家家政公司。

4. The questionnaires collected from 2505 female entrepreneurs show that most of their enterprises are self – reliant and are mainly in the service industry. （翻译：对 2505 位女性企业家的问卷表明大多数她们的企业都是自给自足的，并且以服务业为主。）这一句是模糊新闻来源，因为它虽然表明了这一结论来自一项问卷调查，但是对调查的具体信息没有说明。

5. Across most social contexts, women hold traditional care roles within the domain of the home that make them responsible for household energy management. （翻译：在大多数的社会环境下，女性在家里都有着传统的照顾他人的角色，这使得她们可以为家政管理负责。）这一句是不具体新闻来源，这样的判断并不是来自哪个具体的调查。

	具体来源	模糊来源	不具体来源	总数
China Daily	8（67%）	3（25%）	1（8%）	12（100%）

报道模式上，直接引语会显得更加客观，间接引语会更多地加入新闻制作者的观点和态度。《中国日报》海外版在女性发展议题的报道上几乎都用了直接引语，新闻报道体现出更多的客观性。

三、社会实践层面对相关议题的积极呈现

由美国硅谷银行与其在中国的合资银行浦发硅谷银行共同调查的《中国科创企业展望2016》年度报告正式对外发布。从大环境来看，虽然市场震荡波动仍然存在，但有高达85%的中国科创企业认为当年的经营状况将比上一年乐观。不过，最关键的一点是，这份报告指出中国女性创业者所占的比例竟然高达79%。而西方国家美国、英国，女性创业者比例则分别只占了54%、53%。

针对这个统计结果，硅谷银行亚洲总裁、浦发硅谷银行行长蒋德（David A. Jones）对品玩（PingWest）表示，在创新创业公司工作需要有更高的教育水平，大学里面女性的毕业比例，应该是高于男性的。中国女性退休年龄比美国要晚得多，而且在中国社会给予女性充分的发挥空间，

女性在生完一胎或者二胎之后，仍然可以继续工作，更应该为中国女性领导者数量越来越多而感到骄傲。

商业是公平的竞技场，创业是一场"无性别运动"。我们承认，女性创业具有自身的特性。男女在社会分工、社会心理、社会资源、教育培训、收入差距等方面存在明显差异。这也说明，在创业这场"无性别运动中"，不能忽视性别因素给女性创业者带来的阻碍。创业是所有人实现社会价值和人生理想的方式之一。我们并非倡导绝对的、一对一的公平，而是呼吁让女性平等享受创业的权利。

互联网的普及带来了机会的公平性和均等性。女性在获取信息、资金、社会网络等关键资源方面的环境大大改善了。今天，女性受教育的程度大大提高，比以往更加具有进取心，也更加关注前途和未来。

调研发现，女性创业者普遍更"低调"、更务实、更理性，她们更像是一类隐形的"梦想家"。她们并不会刻意把创业包装成一种概念。创业之初，她们的大部分精力都用在打磨产品、提高服务、研究客户等方面，而较少做大规模的宣传推广。换句话说，她们并不想成为"网红"，而是想实实在在做好自己的企业。

《中国企业家》女性创业调查显示，女性创业的最初动力更加务实。在我们研究的个案中，女性创业的驱动，有的来自家族事业的传承，有的来自个人职业瓶颈的突破，有的来自发现有趣、有价值的项目，有的来自很强的责任感。在创业过程中，她们更看重"成长的维度"，有能力根据市场变化及时调整战略。

对于女性创业者来说，最关键的一个问题就是把握婚姻和事业的平衡，家庭是女性创业最大支持力。这是男性和女性创业者最大的不同之一：女性是多面手，除创业外还要兼顾照顾家人的责任。男性企业家基本上都以事业为重，很少面临家庭与事业的冲突，但女企业家常常面对这个问题。对创业者来说，时间都是公平的。这意味着，在婚姻和家庭中承担更多责任、花费更多时间的女性，与男性相比，用在创业上的时间"相对不足"。因此，女性创业意味着更多的付出。

在创业过程中，一些具有人格魅力的女性企业家，利用社交媒体把自己打造成"网红"，挖掘出企业新的传播资源。和过去相比，女性创业要有速度、有激情、有狼性，才能和企业一起成长。

综上所述，中国社会为女性发展提供了一个更为开放和宽松的环境，中国涉外媒体在讲述中国女性故事的时候也尽力把女性的发展环境、成绩和她们作为创业个体身上所具备的特质呈现出来。

在一篇名为"Women are encouraged to challenge the impossible"的文章里，《中国企业家》杂志主编何振红指出，"女性是社会上未利用的重要资源，今后将在社会经济发展中发挥越来越重要的作用"。这篇报道还引用了国美总经理杜娟的一段话："We will experience many failures in life and every time we do it is important to stay strong and positive and never give up. The road to success is never easy and it is important to change your stumbling blocks to stepping stones."（翻译：生活中我们会经历很多的失败，每一次能够保持坚强和乐观，不轻言放弃都是很重要的。成功之路从来都不易，把绊脚石变成垫脚石是很关键的。）

从这篇报道可以看出，第一，大家已经意识到了女性在社会经济文化发展中的重要作用，换句话说，中国社会给予女性充分的自我实现和发挥的空间。第二，中国有很多像杜娟一样的女企业家，她们有着坚强、乐观、不放弃的人格魅力，她们理性、务实，有着女性特有的人格特质。

还有一篇"For China's women, the 'Men Only' door slowly opens"（《对

中国女性来说，只有男性才可以走的门慢慢向她们打开了》）的报道。文中说到周女士成功地开了一家家政公司。Two years ago, Zhou's company became eligible for free employee training from the Women's Federation of Gansu, which last year also provided financing to help the company expand. Protection of women's interest is an important part of China's poverty relief efforts and government support is helping women from rural areas start businesses or seek jobs. Over two million women from rural central and western areas have received some kind of training since 2012. Small loans are more easily obtainable for women. These measures address two of the principal problems faced by rural women: low levels of education and an inability to access resources. （两年前，周女士公司的职员得到甘肃妇联的免费培训，并且为公司的发展提供经济援助。保护妇女权益是中国脱贫工作的重要部分，来自政府的支持也帮助农村妇女自主创业或独立就业。自 2012 年起，200 多万中西部地区的农村妇女接受了培训。女性可以很容易地进行小额贷款。这些举措解决了两个农村妇女面对的主要问题：低教育水平和资源获得能力的匮乏。）从这一段可以看到中国政府工作报告中写入"大众创业，万众创新"的重要性与伟大意义。全球创业最活跃的国家便是中国，中国女性的创业活动指数明显高于全球平均水平。中国政府在政策方面也积极鼓励农村女性创业，充分表明了中国社会为女性创业所营造的良好的创业环境。

从上面的例子可以看出，《中国日报》海外版在女性发展议题的报道上努力把中国的女性创业环境和女性创业者品质呈现给国际受众，第一，体现了中国女性创业者低调、务实、理性的梦想家的形象。同时，她们的人格魅力、激情和狼性也都被体现出来。第二，中国社会赋予了女性很好的创业条件和环境，政府采取了很多积极有效的举措来支持中国各个阶层的女性创业，把"大众创业，万众创新"的口号落到实处。但是，报道在表达技巧上存在弱点，比如，对人物的外貌和行为描写没有那么细致具体。我们看到了中国涉外媒体的进步与发展，但是依然需要在话语技巧上向西方主流媒体学习和借鉴，才能更好地呈现中国社会现实，讲好中国女性故事。

第四节 积极话语分析视角下
美国媒体中国女性发展议题的媒体表达

一、文本运用积极媒体语言

在《纽约时报》女性发展议题的文本分析中，本研究依然借助费尔克劳的三维分析框架，进行分析。

下面，具体对两篇《纽约时报》中国女性发展议题的报道进行话语分析。第一篇是《纽约时报》关于蓝思科技董事长周群飞的报道"How a Chinese Billionaire Built Her Fortune"，第二篇是关于玖龙造纸公司创始人张女士的报道"A Self－Made Billionaire Wrote Her Ticket On Recycled Cardboard"。具体从文本的篇章层面、句子层面和词汇层面来进行话语分析。

（一）《纽约时报》文本的语篇分析

1. 语境分析

语境先于话语，是话语的容器（胡百精，2017）。脱离语境的话语一定是含混错乱的，就如同离开了水的鱼一样孤立无助。言不当机、辞与境悖给受众留下的印象就是胡说八道、语言唐突，所以营造了语境再决定说什么是一个有技巧的说服者首先应该做的事情。语境的营造有三种基本模式：恢宏与细微对应，即"大+小"模式；平常与奇异对应，即"常+奇"模式；"偶然与必然"对应，即"偶然+必然"模式。

例1　No country has more self – made female billionaire than China. The Communist Party, under Mao Zedong, promoted gender equality, allowing women to flourish, according to Huang Yasheng, an expert in China's entrepreneurial class and a professor of international management at M. I. T. And in a country with few established players, entrepreneurs like Ms. Zhou were able to quickly make their mark when they entered business in the 1990s as China's economic engine was reviving up. （翻译：没有哪个国家白手起家的女性创业者比中国还多。专门研究中国创业者的专家、麻省理工学院国际管理学教授黄雅生认为，中国共产党在毛泽东的领导下积极推进性别平等，自"资本主义"开始在中国扎根以来，允许女性发展自我。周女士已成为20世纪90年代中国经济引擎起飞之时创业成功的代表性人物。）

Ms. Zhou stake in Lens Technology, which went public this year, is worth ＄7. 2 billion. （翻译：由周女士控股的蓝思科技今年上市，市值72亿美元。）

In Japan, there is not a single self-made female billionaire, according to Forbes. In the United States and Europe, most women who are billionaires secured their wealth through inheritance. （翻译：根据福布斯杂志的统计，在日本，还没有一个白手起家的女性亿万富豪。在美国和欧

洲，大多数的女性成为亿万富豪都是通过继承家族财产。）

例1表现出说服者营造语境的"大+小"模式。在这三段的描写中，第一段和第三段可以看成大语境描写。第一段介绍了中国女性成功创业者的规模，并指出毛泽东作为中国共产党的领袖，积极倡导性别平等，给予女性发展与成长的机会。第三段是对全球女性创者状况的一个介绍，权威杂志《福布斯》公布的统计日本还没有女性创业者成为富豪；美国和英国的女性富豪多是通过继承家族遗产。通过对比，读者会对周女士的成就和中国时代特征以及政府赋予女性的发展机会有更深的体会。总之，这些都属于大时代背景，叙事中我们简称为大语境。第二段的描写就更加具体，叙述了周女士创立的蓝思科技公司上市的基本情况。这三段非常符合成功叙事的特征。

例2　The conditions, she said, were harsh. "I worked from 8 a. m. to 12 a. m. , and sometimes until 2 a. m. ," Ms. Zhou recalled. "There were no shifts, just a few dozen people, and we all polished glass. I didn't enjoy it. "（翻译：她说当时条件真的很艰苦。"我每天从早上八点工作到十二点，有时到下午两点，"周女士回忆道，"没有换班，只有十几个人，我们都在抛光玻璃。我实在不喜欢这样的工作。"）

After three months, she decided to quit and wrote a letter of resignation to her boss. In it, she complained about the hours and boredom. Even so, she expressed her gratitude for the job, saying she wanted to learn more. （翻译：三个月以后，她决定放弃这份工作，并写了一封辞职信给她老板。信里，她抱怨了工作的时间太多，工作内容太无聊。但即使如此，她还是表达了对工作的感谢，并希望可以在工作中学到更多的

东西。)

The letter impressed the factory chief, who told her the plant was about to adopt new processes. He asked her to stay, offering her a promotion. It was the first of several over the next three years. （翻译：这封信感动了工厂的领班，领班告诉她这家工厂马上会有新的工作流程和内容。他让她留下并给予她晋升。在后来的三年里，她又好几次升职。)

In 1993, Ms. Zhou, then 22, decided to set out on her own. With $3, 000 in savings, she and several relatives started their own workshop next door. They lured customers with the promise of even higher - quality watch lenses. （翻译：1993 年，周女士 22 岁时，决定要建立自己的工厂，拿着 3000 美元的存款，和几个亲戚一起办了自己的工作室。他们以更高质量的玻璃吸引自己的顾客。)

例 2 体现出了营造语境的"偶然 + 必然"模式。第一段说明了周女士早期在广州打工时辛苦的经历，工厂的工作没有创造性，只是简单重复，而她对这样的工作是毫无兴趣的。在这样的语境下，第二段她提出辞职就是意料之内的"必然"结果。她在辞职信中，谈到了自己对工作的不满足，对学习更多知识的渴望，老板看出了她的潜质，于是给了她一个"偶然"在工作上晋升的机会，之后她不断得到晋升，1993 年她决定自己创立公司，用 3000 美元作为基金，并向消费者保证供应高质量的表屏。她的行为和品质决定了她"必然"成为一个成功的创业者。

例 3 It was the mobile phone that made Ms. Zhou a billionaire. （翻译：正是手机使得周女士成为亿万富豪。)

In 2003, she was still making glass for watches when she received an unexpected phone call from executives at Motorola. （翻译：2003 年，她还在制造手表镜面，无意间接到了摩托罗拉总监的一个电话。）

At the time, the display screens on most mobile phones were made of plastic. Motorola wanted a glass display that would be more resistant to scratches and provide sharper images for text messages, photos and multimedia. （翻译：那时候，大多数手机的显示屏都是塑料的。摩托罗拉想要生产一款更加耐磨、防刮、坚硬的展示屏方便用户编辑短信、拍照和多媒体使用。）

"I got this call, and they said, 'Just answer yes or no, and if the answer's yes, we'll help you set up the process, ' " Ms. Zhou recalled. "I said yes. " （我接到这个电话，他们说"就回答我是或不是，如果回答是，我们将帮助你一起来建立流程，"周女士回忆道，"我给出了肯定的回答。"）

Soon after, orders started rolling in from other mobile - phone makers like HTC, Nokia and Samsung. Then, in 2007, Apple entered the market with the iPhone, which had a keyboard - enabled glass touch screen that rewrote the rules of the game for mobile devices. Apple picked Lens as its supplier, propelling Ms. Zhou's company into a dominant position in China. （翻译：很快，手机制造商 HTC、诺基亚、三星的订单纷纷而至。2007 年，苹果手机进入市场，它的大触屏幕重写了手机设备的游戏规则。苹果选择蓝思科技作为其供应商，促使周女士的公司在中国同类公司中脱颖而出。）

例3 话语中的语境营造模式既有"大 + 小"模式，也有"偶然 + 必然"模式。第一段的一句话就蕴含了"大"语境和"小"语境。大语境就是手机在世界范围内的广泛应用和迅速发展,小语境是造就了周女士的创业传奇,使她成为女性富豪。第二、三和四段描写了她与摩托罗拉合作的经过,可以看出这次合作使蓝思科技获得一次"偶然"的发展机会,周女士果断地接下订单。之后,蓝思科技得到了HTC、诺基亚和三星几家国际手机大牌的订单,2007年还得到了苹果手机的订单,这些使蓝思科技成为中国手机屏幕最大供应商成为"必然"。

2. 角色分析

当说服者营造好了适当的语境,就需要对叙事中的角色进行设计。故事是人的故事;人是故事中的人。叙事中的角色设计主要有两个角度:角色的人格化和角色的命运感。角色的人格化就是让人成为故事的主角,在话语中不能只见流光溢彩的"物",不见有个性、灵魂和价值的"人"。角色的命运感就是对人命运的关怀。每个人都在具体的生命机遇中,在自我与他者、内在与外在、物质与精神的交错中经历着忧喜悲欢。

例4　Zhou Qunfei is the world's richest self – made woman. Ms. Zhou, the founder of Lens Technology, owns a ＄27 million estate in Hong Kong. She jets off to Silicon Valley and Seoul, South Korea, to court executives at Apple and Samsung, her two biggest customers. She has played host to President Xi Jinping of China, when he visited her company's headquarters. (翻译:周群飞是世界上最富有的白手起家的女性,蓝思科技的创始人,在香港拥有2700万美元资产。她曾到硅谷和首尔拜访她的两大主要客户苹果和三星的执行总监。习近平主席访问公司总部时,她还作为东道主接待了他。)

其实在整篇报道中我们不难发现说服者并没有把蓝思科技作为主要的叙事对象，而是把笔墨留下来描写周女士。在例4的描写中，这一点体现得非常明显。周群飞作为故事的主要角色做了很多有社会影响力的大事，得到中国国家领导人的接见和认可，有着很高的社会地位，通过这些描述，体现了角色的人格化。同时，人的命运就是其爱憎、得失、进退和荣辱的集中体现，这些描述也体现了周女士的得失和荣辱，体现了角色的命运感。

例5　But she seems most at home pacing the floor of her state – of – the – art factory, tinkering.（翻译：她在这个世界一流工厂里踱步，摆弄东西，就仿佛她在家一样。）

She'll dip her hands into a tray of water, to determine whether the temperature is just right. She can explain the intricacies of heating glass in a potassium ion bath. When she passes a grinding machine, she is apt to ask technicians to step aside so she can take their place for a while.（翻译：她会把手伸到水槽里，以确定水的温度是否合适。她能够解释浸泡在钾离子浴中加热玻璃的复杂工艺。她路过碾磨机时，叫技术人员走开，她自己可以代替他们一会儿。）

For years, she labored in a factory, the best job she could get having grown up in an impoverished village in central China.（翻译：很多年以来，她都在工厂工作。这也是她作为一个在中国中部贫困小山村长大的孩子能找到的最好工作。）

"She'll sometimes sit down and work as an operator to see if there's any-thing wrong with the process," said James Zhao, a general manager at

Lens Technology. "That will put me in a very awkward position. If there's a problem, she'd say, 'Why didn't you see that?'" (翻译："她有时会坐下来，像业务员一样判断流程是否顺利进行，"蓝思科技的总经理赵先生说，"这会让我感觉很尴尬。如果有问题了，她会说：'你为什么没有看见？'")

例5中的第一、二段通过细节行为描写刻画了角色性格特征：工作上一丝不苟、细心严谨的工作态度，以厂为家的敬业精神。第三段属于角色的命运感刻画，她出身贫寒，没有机会得到良好的教育，而到工厂做工人是她当时能找到最好的工作，一切都是命运的安排。第三段通过蓝思科技总经理之口又一次对周女士进行了人格化描写，她对工人的严格要求、谨慎态度都体现在她的语言之中。

例6　Ms. Zhou has honed her hands – on knowledge into a world – class, multibillion – dollar operation, one at the vanguard of China's push into high – end manufacturing. Lens Technology is now one of the leading suppliers of the so – called cover glass used in laptops, tablets and mobile devices, including the Apple iPhone and the Samsung Galaxy. This year, her factories are expected to churn out more than a billion glass screens, each refined to a fraction of a millimeter. (翻译：周女士不断磨炼蓝思科技成为世界一流和资金雄厚的公司，成为中国推进高档制造业过程中的领军人物。蓝思科技现已成为计算机以及手机屏幕玻璃的主要供应商，其主要客户包括苹果和三星。今年，她的工厂预计生产出十亿个手机屏幕，每一片屏幕都打磨到毫米以下的厚度。)

例6这一段先对周女士进行人格化描述，再对蓝思科技的情况进行概述，由"人"到"物"的描述方式使"物"不再是冷冰冰的"物"，使物有了人格化的温度，使蓝思科技有了灵魂和生命。

例7 In creating a global supplier, Ms. Zhou, 44, has come to define a new class of female entrepreneurs in China who have built their wealth from nearly nothing — a rarity in the world of business. （翻译：在成为全球供应商的过程中，44 岁的周女士定义了中国新一代女性创业者，她们往往白手起家，这在世界上是少见的。）

例7是角色的命运感描写，她是中国白手起家女性创业者中的代表。

例8 Few in China had even heard her name before her company's public offering this year. She rarely grants interviews or makes public appearances. （翻译：在她的公司公开募股之前，很少有中国人知道她。她极少参加访谈，也很少在公众面前露面。）

An elegant woman with a cherubic face, owlish glasses and a preference for Christian Dior suits, Ms. Zhou is fastidious and demanding — "Sit up straight!" she commands of a general manager during a meeting. Yet she exudes charm and humility, a quiet recognition that things could have easily turned out differently. （翻译：周女士天使般的面孔，戴着严肃的眼镜，偏爱迪奥的西服，她做事对自己要求很高，甚至到了苛求的地步。开会时，她要求总经理"坐直!"但是她本人谦虚而富有魅力，自信会让一切变得不一样。）

"In the village where I grew up, a lot of girls didn't have a choice of whether to go to middle school. They would get engaged or married and spend their entire life in that village," she said in an interview at her office, where there was a wooden statue of Mao and a 27 – inch desktop Mac. "I chose to be in business, and I don't regret it." （翻译：一次，她在办公室接受了采访，她说："在我长大的小村庄，很多女孩没有读中学的机会。她们会很快订婚或者结婚，然后在那个村子里度过余下的一生。我选择从商，并不后悔。"她的办公室里摆着一个木制的毛主席像以及 27 英寸的苹果台式机。）

例 8 第一段属于角色的人格化描述。尽管她已经成为国际上颇有地位的女性创业者，却不喜欢抛头露面的生活，不喜欢接受访谈，生活十分低调。第二段对周女士的外貌气质进行了细致的刻画。她有着一张天真无邪的脸，戴着眼镜，穿着迪奥的西服。对自己的员工严格要求。但是她又极有魅力，也很谦虚。第三段赋予角色命运感，通过周女士的自述我们知道她生在中国农村，在那个小山村，女孩通常上到中学就会辍学。她们很早就会订婚或者结婚，然后在那个小山村里了此一生。而她自己有机会走出来是因为命运的安排，使一个农村女孩的命运有了如此大的变化。

例 9　The youngest of three children, Ms. Zhou was born in a tiny village in the Hunan Province of central China, a farming community about two hours south of Changsha, the provincial capital. Her mother died when she was 5. Her father, a skilled craftsman, later lost a finger and most of his eyesight in an industrial accident. （翻译：作为家中三个孩子中最小的一个，周女士生于中国中部湖南省的一个小村庄，距省会长沙两个小时的车程。她的父亲，一个手艺人，因工伤而失去了一根手指和视力。）

At home, she helped her family raise pigs and ducks for food and additional money. At school, she excelled. "She was a hard – working and talented student," Zhong Xiaobai, her former middle – school teacher, says. "I once read her essay, 'My Mother, ' aloud in class. It was so moving it brought everyone to tears. "（翻译：在家里，她帮助家里喂猪喂鸭，以获取更多的食物和额外的钱。在学校，她表现优异。她小时候所在中学的老师钟小白说："她是一个努力且聪明的学生，我有一次在班里大声朗读了她写的作文《我的妈妈》，写得如此感动，几乎人人落泪。"）

例9描述了周女士出生的地方，她的家境、父母的状况、童年时期的成长经历、在中学时的表现。从叙事学的角度看，这些内容不但凸显了角色的命运感，而且还实现了对角色的人格化塑造。周女士生于中国中部地区湖南省的一个小山村，妈妈在她5岁时就离开了她，爸爸在一次事故中失去了手指和视力，因此小小年纪的她担起了家庭的重担，养猪养鸭挣钱糊口。在学校里，她十分优秀，勤奋而聪明。在这样的叙事中，读者很容易受到感化，产生共情的情绪，通过她的"人生际遇"和"悲欢离合"，一个活生生的人物形象呈现在读者面前。

例10　Despite her academic focus, Ms. Zhou dropped out of school at 16 and traveled south to Guangdong province to live with her uncle's family and search for better work. While she dreamed of becoming a fashion designer, she eventually landed a job on a factory floor in the city of Shenzhen, making watch lenses for about ＄1 a day. （翻译：尽管周女士小时候很重视自己的学业，但她16岁就辍学了。她来到了广东省和叔叔家住在一起，想找一份好的工作，她梦想成为一位时尚设计师，但最后在

深圳的一个工厂里找到了制造玻璃的工作，每天挣一美元。）

The conditions, she said, were harsh. "I worked from 8 a.m. to 12 a.m. , and sometimes until 2 a.m. ," Ms. Zhou recalled. "There were no shifts, just a few dozen people, and we all polished glass. I didn't enjoy it. "（翻译：她说当时的生活很艰难。周女士回忆道："我每天从早上 8 点工作到晚上 12 点，有时到半夜 2 点，中间没有休息，我们几十个人一起打磨玻璃，我一点也不喜欢这样的工作。"）

例 10 是周女士早年在深圳的打工经历，她每日起早贪黑、吃苦耐劳、勤奋，但是对于重复而无创造性的工作并不满意，不安于现状，有进取心。角色的人格化和命运感在此得到体现。

例 11 After three months, she decided to quit and wrote a letter of resignation to her boss. In it, she complained about the hours and boredom. Even so, she expressed her gratitude for the job, saying she wanted to learn more. （翻译：三个月以后，她决定放弃这份工作，并写了一封辞职信给她老板。信里，她抱怨了工作的时间太多，工作内容太无聊。但即使如此，她还是表达了对工作的感谢，并希望可以在工作中学到更多的东西。）

The letter impressed the factory chief, who told her the plant was about to adopt new processes. He asked her to stay, offering her a promotion. It was the first of several over the next three years. （翻译：这封信感动了工厂的领班，领班告诉她这家工厂马上会有新的工作流程和内容。他让她留下并给予她晋升。在后来的三年里，她又好几次升职。）

In 1993, Ms. Zhou, then 22, decided to set out on her own. With

$3, 000 in savings, she and several relatives started their own workshop next door. They lured customers with the promise of even higher – quality watch lenses. (翻译: 1993 年, 周女士 22 岁时, 决定要建立自己的工厂, 拿着 3000 美元的存款, 和几个亲戚一起办了自己的工作室。他们以更高质量的玻璃吸引自己的顾客。)

At the new company, Ms. Zhou did it all. She repaired and designed factory machinery. She taught herself complex screen – printing processes and difficult techniques that allowed her to improve prints for curved glass. (翻译: 在新的公司, 周女士什么都自己做。她自己修理和设计工厂的机器。还自学了复合屏印制工艺, 以及那些可以让她在有弧度的玻璃上进行印制的高难度技巧。)

"In the Hunan language, we call women like her 'ba de man, ' which means a person who dares to do what others are afraid to do," said her cousin Zhou Xinyi, who helped her open the workshop. (翻译: 她表妹说: "湖南话里, 我们把像她这样的女性叫作'霸得蛮', 意思是敢于做别人不敢做的事的人。" 她表妹以前曾帮助她启动工作室。)

Along the way, Zhou Qunfei married her former factory boss, had a child and divorced. She later married a longtime factory colleague, who serves on the Lens board, and had a second child. (翻译: 同时, 周女士还嫁给了她以前的工厂老板, 生了一个孩子后来离婚了。她后来嫁给了一个与她在工厂共事多年的同事, 他是做玻璃板的, 他们生了第二个孩子。)

Her work habits lean toward the obsessive. (翻译: 她的工作习惯几乎到了疯狂痴迷的地步。) Her company's headquarters is at one of her manufacturing plants in Changsha. In her spacious office, a door behind her desk opens into a small apartment, ensuring she can roam the factory floor day or night.

例11的描写可以看成是周女士人生的转折点，22岁开始创业，得益于自身的不安于现状，积极进取，得到工厂主管的赏识，在新的岗位上不怕吃苦，学习最复杂的工艺。坚强，敢于尝试别人不敢尝试的事情。她近乎疯狂痴迷的工作习惯，随时了解工厂的工作情况，打破了我们对中国传统女性的角色认知，构建了新时代中国创业女性的积极形象。

例12　At the time, the display screens on most mobile phones were made of plastic. Motorola wanted a glass display that would be more resistant to scratches and provide sharper images for text messages, photos and multi-media. （翻译：那时候，大多数手机的显示屏都是塑料的。摩托罗拉想要生产一款更加耐磨、防刮、坚硬的展示屏方便用户编辑短信、拍照和多媒体使用。）

例12凸显了周女士的命运感，摩托罗拉意外地给她打电话要她制作手机屏幕，铸就了蓝思科技在中国屏幕制造业的领先地位。

例13　"I got this call, and they said：'Just answer yes or no, and if the answer's yes, we'll help you set up the process，'" Ms. Zhou recalled. "I said yes." （我给出了肯定的回答。）

这一段的语言描写十分简单，但却凸显了角色的人格和角色的命运。

例14　Apple picked Lens as its supplier, propelling Ms. Zhou's company into a dominant position in China. （翻译：苹果选择蓝思科技作为

它的供应商，促使蓝思科技在同类公司中脱颖而出。）

这一段凸显了周女士的个人命运感。

例15　After that, Ms. Zhou invested heavily in new facilities and hired skilled technicians. More than once, colleagues say, she put up her apartment as a guarantee for a new bank loan. Within five years, she had manufacturing plants under construction in three cities.（翻译：在那之后，周女士将大量投资用在更新设备上，并聘请了很多技术人员。她的同事说，她不止一次把自己的住房抵押给银行来贷款。五年之中，她在三个城市建设了制造厂。）

这一段突出了周女士敬业、不计付出的价值观和个性特征。

例16　"She's a passionate entrepreneur, and she's very hands – on," says James Hollis, an executive at Corning, which has a partnership with Lens Technology. "I've watched her company grow, and her develop a strong team. Now there are over 100 competitors in this space, but Lens is a Tier 1 player."（翻译：詹姆斯·霍里斯得说："她是一位富于激情的企业家，也是个实干家。"詹姆斯是科宁公司的行政长官，科宁公司与蓝思科技有着合作关系。）

这一段通过第三人之口对周的个性进行评价，她对待工作富有激情，并且是个实干家。

例17　Lens operates round the clock, with 75, 000 workers spread across three main manufacturing facilities that occupy about 800 acres in the Changsha region. Each day, the company receives bulk shipments of glass from global manufacturers like Corning in the United States and Asahi Glass in Japan. （翻译：蓝思科技不断扩大规模，在长沙的制造厂覆盖了800英亩的地区，有75000名员工。公司每天都会收到来自美国康宁公司和日本Asahi公司的大量订单。）

"物"为"人"提供了行为的环境和前提，而"人"又使"物"有了生命，有血有肉的"人"和生机勃勃的"物"共同作用，使角色的人格化和命运感跃然纸上。

3. 行为分析

例1　Zhou Qunfei is the world's richest self - made woman. Ms. Zhou, the founder of Lens Technology, owns a $27 million estate in Hong Kong. She jets off to Silicon Valley and Seoul, South Korea, to court executives at Apple and Samsung, her two biggest customers. She has played host to President Xi Jinping of China, when he visited her company's headquarters. （翻译：周群飞是世界最富有的白手起家的女性，蓝思科技的创始人，在香港拥有2700万美元资产。她曾到硅谷和首尔拜访她的两大主要客户苹果和三星的执行总监。习近平总书记访问她公司总部时，她还作为主人接待了他。）

例1属于周女士行为上的大格局。周女士是靠自己白手起家的女性，是所有女性创业者的榜样，是世界知名手机品牌苹果和三星的主要供货商，习近平主席曾参观她的公司总部。这一系列的描述表明了她的社会认可度、地位、贡献，都是行为上的大格局，这些也说明了中国的社会环境鼓励个体女性努力、奋斗，说明了女性的地位有所提升。

例2　But she seems most at home pacing the floor of her state - of -

the – art factory, tinkering. She'll dip her hands into a tray of water, to determine whether the temperature is just right. She can explain the intricacies of heating glass in a potassium ion bath. When she passes a grinding machine, she is apt to ask technicians to step aside so she can take their place for a while. （翻译：她在这个世界一流工厂里踱步，摆弄东西，就仿佛她在家一样。她会把手伸到水槽里，以确定水的温度是否合适。她能解释浸泡在钾离子中的热玻璃的复杂工艺。她路过碾磨机时，叫技术人员走开，她自己可以代替他们工作一会儿。）

Ms. Zhou knows the drill. For years, she labored in a factory, the best job she could get having grown up in an impoverished village in central China.

"She'll sometimes sit down and work as an operator to see if there's anything wrong with the process," said James Zhao, a general manager at Lens Technology. "That will put me in a very awkward position. If there's a problem, she'd say, 'Why didn't you see that?'" （翻译："她有时会坐下来，像业务员一样判断流程是否顺利进行，"蓝思科技的总经理赵先生说："这会让我感觉很尴尬。如果有问题了，她会说：'你为什么没有看见？'"）

例 2 是她行为上的微内容。这几段是对她在工厂内行为的描述，她的细心、严谨、专业都从她在工厂的日常里面体现出来。从大格局看，周女士的行为是所有女性创业者的榜样，是国家的光荣，得到了世界范围内的广泛认可，而她所有的荣誉都是与她的行为上的微内容相关联的，她的细心、严谨、专业铸就了她的成就，使她与她的公司成为国家的光荣，世界的一流。公司的成就和辉煌固然值得称颂，创业者行为上体现出的品质、人格才能拉近读者与创业者之间的距离。不是所有女性创业者都能取得像周女士的成就，但是作为女性，如果你具备了她的品质和人格，至少你就能在自己的人生道路上活得更有价值感和成就感。

例 3　Soon after, orders started rolling in from other mobile - phone makers like HTC, Nokia and Samsung. Then, in 2007, Apple entered the market with the iPhone, which had a keyboard - enabled glass touch screen that rewrote the rules of the game for mobile devices. Apple picked Lens as its supplier, propelling Ms. Zhou's company into a dominant position in China. (翻译：很快，手机制造商 HTC、诺基亚、三星的订单纷纷而至。2007 年，苹果手机进入市场，它的大触屏幕重写了手机设备的游戏规则。苹果选择蓝思科技作为其供应商，促使周女士的公司在中国同类公司中脱颖而出。)

After that, Ms. Zhou invested heavily in new facilities and hired skilled technicians. More than once, colleagues say, she put up her apartment as a guarantee for a new bank loan. Within five years, she had manufacturing plants under construction in three cities. (翻译：在那之后，周女士将大量投资用在更新设备上，并聘请了很多技术人员。她的同事说，她不止一次把自己的住房抵押给银行来贷款。五年之中，她在三个城市建设了制造厂。)

例 3 第一段的描述属于行为上的大格局，蓝思科技在国内同行中占有统治地位，是国家的荣誉与骄傲。第二段的描述属于行为上的微内容，她不计个人得失的投入精神，不惜抵押自己的住房进行投资，使"实干"和"投入"不再是干巴巴的几个词，而是用女性成功创业者的每一个小行为来书写的。

哈弗罗斯认为现代社会的道德建设原则是"我们应该成为什么样的人"优先于"我们应该怎么做"①。以此类推，说服性叙事应该遵循的原则是："对人格和命运的关切"优先于"如何说服对方"。在双向传播时代，明智的说服者应该与受众成就共同的故事和集体记忆。在对周女士的报道中，周女士与所有中国想创业和正在创业的女性成就了相同的故事，她的人格品质是所有创业女性都具有的品质，她的命运有起有落，年少时家境贫寒磨炼了她的意志，白手起家的成功经历也激励了与她有着相同背景的有志女性投身到自己热爱的事业中去。

4. 方法分析

这一篇关于女性创业者的新闻报道的界面设计就具有亲和力，笔者把着眼点放在对"人"的描写上，通篇都是对周女士的个人生活经历的描写。在文中穿插叙写中国社会整体情况和女性在此大环境之下得到更多实现自我的机会，许多创业公司都是由女性掌舵，蓝思科技公司在国内居领先地位，成绩和贡献斐然。这些对"物"的描述也因此变得生动有趣，界面设计开放、易亲近、好参与、有审美、个人化。个人化体现在作者让受众做主人，唤起对方的归属感和热情。总之，界面设计体现了人文主义的灵韵，超越了单纯的工具理性。

5. 目的分析

公共关系学者格鲁尼格使用"混合动机"（mixed motives）来定义组织与利益相关者相遇、沟通的多元目的（Dozier，1995）。每一个说服者在说服之前都会尽量确定说服目的，但是，其说服效果往往与所期盼的有很

---

① 汪建达. 哈弗罗斯论伦理问题的转向［J］. 学术交流，2007（9）.

大偏差。说服不是简单的信息传递，而是人与人之间复杂心智的互动过程。人的动机和目的在每一刻都是复杂的。因此，说服者在叙事过程中的目的设计也要遵循多元主义开放性原则。要满足不同受众的不同需求以及同一受众的多重需求，使之皆大欢喜，各得其所。

这一篇关于蓝思科技周女士创业故事的报道基本符合多元主义开放性原则。国际上正在创业的女性会从她的经历中找到自己，产生强烈的认同感；想创业的女性会被她的品质所鼓舞，更加坚定和努力；即使不想创业的女性也会从她身上找到女性品格的光芒，因而找到自己的位置。国际受众通过她的故事对中国社会女性的地位有了更生动的了解，不再是冷冰冰的数据，而是一个活生生的女性的创业经历。他们会意识到中国政府给予了女性创造的机会，从而使中国的国际话语权得到提升。

除了多元主义开放性原则，还应该遵循利益互惠和价值同构原则。说服的目的要符合人对利益和价值的基本追求，蓝思科技的产品不仅仅惠及中国人民，更为国际上很多国家的人带来了福利，三星、苹果几个大品牌手机的屏幕都由蓝思科技供货，可以说国际品牌手机成就了蓝思科技，而蓝思科技也不负众望，用高品质的产品回馈用户。

新闻图式分析如下：

从这篇报道的标题 "How a Chinese Billionaire Built Her Fortune"（《中国亿万女富豪如何积累她的财富》）和导语 "Zhou Qunfei, founder of Lens Technology, has come to define a new class of female entrepreneurs in China who have built their wealth from scratch."（翻译：蓝思科技创始人周群飞成为中国新一代白手起家女性创业者的代表）中可以看出报道想要表现的主题是：蓝思科技创始人如何依靠自身能力白手起家创造她的企业和财富。如何分清这篇报道属于批评话语分析还是积极话语分析，在报道中通过关注积极的、鼓舞人心的话语塑造一个值得全世界女性学习的正面形象，我们可以认为它总体上属于积极话语分析。

例 1　No country has more self – made female billionaires than China. The Communist Party, under Mao Zedong, promoted gender equality, allowing women to flourish, according to Huang Yasheng, an expert in China's entrepreneurial class and a professor of international management at <u>M. I. T.</u> And in a country with few established players, entrepreneurs like Ms. Zhou were able to quickly make their mark when they entered business in the 1990s as China's economic engine was revving up.

（翻译：没有哪个国家白手起家的女性创业者比中国还多。专门研究中国创业者的专家、麻省理工学院国际管理学教授黄雅生认为，中国共产党在毛泽东的领导下积极推进性别平等，自"资本主义"开始在中国扎根以来，允许女性发展自我。在当时一个没有太多企业家的国家，周女士这样的创业者成为 20 世纪 90 年代中国经济引擎起飞之时创业成功的代表性人物。）

例 1 描绘了中国女性创业者白手起家的社会背景。从这段描写中可以看出新闻制作者对毛泽东领导的中国共产党积极推进性别平等，并给予女性发展空间予以了肯定，从这个层面上看，这样的话语构建了一个宽松、和谐、共处的社会环境。但是，《纽约时报》同时难脱自身意识形态的影响，不忘对资本主义的宣扬，表面上赞扬中国共产党的开明，实际却在赞扬资本主义制度，从这个层面看，用批评话语分析的方法来分析这些话语是比较合适的。

从整篇报道来看，主要事件就是周女士从小的生活经历以及创业经历，通过对她个人经历的描写，用积极话语体现出中国社会给予了女性很好的创业环境，同时褒扬中国女性创业者身上所特有的品质，这些都是积极和鼓舞人心的话语内容。

下面是第二篇关于玖龙造纸公司创始人张女士创业经历和人生故事的报道的语篇分析。

1. 语境分析

例1　Now, with the paper industry shifting to China, where labor and land are cheaper, Ms. Zhang and Nine Dragons are vowing to take on the world's global paper giants, like International Paper, Weyerhaeuser and Smurfit Stone. （翻译：现在，造纸业转移到了劳动力和土地都更加便宜的中国，张女士和她的玖龙郑重宣布要成为像美国国际纸业公司、美国惠好纸业公司、全球纸业巨头和思墨菲斯通这样的全球造纸巨头。）

这一段总体上属于大语境描述，第一个大语境是：造纸业从西方国家转移到中国是因为劳动力和土地都相对便宜，这是玖龙纸业公司得到大发展的社会背景。第二个大语境是：玖龙造纸业作为中国在全球有影响力的一家公司，希望能够借此契机与全球其他最大的纸业公司一样，成为造纸商业巨头。

"My goal is to make Nine Dragons, in three to five years, the leader in containerboards," Ms. Zhang says emphatically in a short interview in her glistening Hong Kong office. "My desire has always been to be the leader in an industry."（翻译：在张女士香港的办公室里，一次简短的采访中张女士坚定地说："我的目标就是要在三到五年内使玖龙成为造纸业的领袖。"）

　　这一段属于小语境描述，玖龙造纸公司创始人张女士并不安于现状，她不断谋求发展，希望玖龙纸业能在几年之内成为造纸业的领袖。

　　America〔Chung Nam〕quickly made deals with American scrap yards and began shipping huge containers of paper back to China. The demand grew so fast that in 1995, Ms. Zhang (who also goes by her Hong Kong name, Cheung Yan) returned to China to found Nine Dragons, opening her first papermaking facility in Dongguan. Mr.〔Liu Ming Chung〕now serves at chief executive; Ms. Zhang is chairwoman. （翻译：美国很快地和美国废品堆放场进行交易，并开始往中国运大纸箱子。需求的增长如此快，到1995年，张女士回到中国创立玖龙，在东莞开了她的第一家造纸厂，刘先生做首席执行长官，张女士是董事长。）

　　这一段的前半部分是大语境描述，中国对于大纸箱子的需求增长十分快。与这一社会大语境和行业需求相配合的小语境就是：张女士在中国的东莞创立了玖龙纸业公司。

　　Ms. Zhang is cagey about how she made her fortune. In a society known for close ties and hidden deals between government officials and business leaders, she says simply, "I'm an honest businesswoman. " （翻译：张女士对于她如何创造财富吞吞吐吐，在一个政府官员和商人关系紧密并有私下交易的社会，她只是简单地说："我是一个诚实的商人。"）

　　这一段也对张女士的创业社会环境进行了交代，可以看出《纽约时报》新闻制作者对中国的社会环境持负面看法，认为中国社会官商勾结，难找诚实的商人。这样的话语表达一方面反衬出张女士出淤泥而不染的气节，做一个诚实商人的决心。另一方面，揭示了中国社会的问题，或者表现出美国媒体对中国社会的偏见，尽管这样的理解在报道中并没有任何证据来支撑，却很可能影响海外受众对中国社会的整体认知。

例 2 Ms. Zhang was the oldest of eight children born into a military family from northern Heilongjiang Province, near the Russian border. During the brutal "Cultural Revolution", which began in 1966, her father was sent to prison, like millions of others who were branded "counterrevolution-aries" or "capitalist roaders." （翻译：张女士出生于位于俄罗斯边境黑龙江省一个军人家庭，是家里八个孩子中最大的一个。自 1966 年"文化大革命"起，她的父亲被判入狱，和其他很多人一样被冠以"反革命分子"和"资产阶级"的罪名。）

When the "Cultural Revolution" came to a close in 1976, her father was released from prison and "rehabilitated". She went to work as an accountant. （翻译：1976 年，"文化大革命"结束，她父亲被释放并"平反"。她干起了会计的工作。）

After China's economic reforms got under way in the early 1980s, she moved to the southern coastal city of Shenzhen, one of the first areas in China allowed to experiment with capitalism. There she started working for a foreign – Chinese joint venture paper trading company. （翻译：20 世纪 80 年代，中国的经济改革正在进行中，她搬到了深圳，也是当时少有的几个最早实行改革开放的地区。在那里，她开始为中外合资造纸企业工作。）

In 1985, she ventured to Hong Kong, which was then still a British colony. （翻译：1985 年，她冒险来到了香港，那时候香港还是英国殖民地。）

例 2 是对张女士成长经历的大语境描述，她的生活经历培养和塑造了她不怕苦难、坚韧的性格。她成年以后又经历了中国的改革开放时期，她来到深圳和香港为中外合资造纸企业工作，这一点属于小语境描述。例 2 通过对张女士成长经历的大语境和小语境描写，可以让受众很自然地理解她的成功不是偶然，既有大环境的时代的因素，也有个人品质成就伟大梦想的因素。

从叙事结构来考虑，这篇报道结合了大语境和小语境的语境营造方式，符合说服性报道的叙事特征，能够很好地说服和感化海外受众接受《纽约时报》的观点。但是，《纽约时报》在营造语境时，难脱意识形态的影响，《纽约时报》新闻制作者在没有提供任何证据支撑的情况下指出了中国社会的一些问题，体现了其特有的偏见和刻板印象。中国的涉外媒体在涉及相关问题时，应努力澄清这些误解，用事实说话，让海外受众认识一个更加真实的中国，讲好中国故事。

2. 角色分析

下面来看一下这篇报道中张女士作为主要角色的描写方式，分别看看角色的人格化和命运感是如何实现的。

例 3　"My goal is to make Nine Dragons, in three to five years, the leader in containerboards," Ms. Zhang says emphatically in a short interview in her glistening Hong Kong office. "My desire has always been to be the leader in an industry."（翻译：在张女士香港的办公室里，一次简短的采访中张女士坚定地说："我的目标就是要在三到五年内使玖龙成为造纸业的领袖。"）

例 4　"I remember what a man in the business told me back then,"

Ms. Zhang said. "He said, 'Wastepaper is like a forest. Paper recycles itself, generation after generation.'" Ms. Zhang took that memory all the way to the bank. As a result of her entrepreneurship, Zhang Yin is now among the richest women anywhere in the world. （翻译：张女士说："我记得一个在造纸业内部的人劝我回来。他说废纸就像森林一样。纸可以一代又一代地循环使用。"张女士在去银行的路上一直回忆着这句话。她决定创业，结果现在已经成为世界上最富有的女性之一。）

例5　A petite 49 – year – old women with a cherubic smile and a fancy for diamonds, she started out from a modest background, the daughter of a military officer. （翻译：49岁的张女士有着天使一般的笑容，戴着宝石项链，她出生普通人家，父亲是一位军官。）

例6　"She's a visionary," says Herman Woo, an analyst at BNP Paribas, which helped her paper company list shares in Hong Kong. "She doesn't mind putting a lot of money in at the beginning, to build the company." （帮助她在香港上市的BNP分析师Herman Woo说："她富有远见。不介意在一开始大量投入资金来建设公司。"）

例7　In person, Ms. Zhang is filled with nervous energy and hearty laughs. But she rarely grants interviews, and when she does, they are brief and controlled by an army of handlers. （翻译：就个人而言，张女士有时显得很紧张，有时会露出发自内心的笑容。但是她很少接受采访，即使接受采访也很简短。）

例8　"When her employees asked for a pay raise, she would grant it if it was reasonable," he recalled. "But when her employees made mistakes, she would criticize them severely. She made it clear when to reward and when to punish." （翻译：他回忆道："当她的员工要求加薪时，她认为如果是合理的就会给他们加。但是当她的员工犯错误的时候，她会严厉地批评他们。她很清楚什么时候该奖励什么时候该惩罚。"）

例 9　Analysts say Ms. Zhang's ebullient personality made her a great saleswoman and a sharp deal maker. （翻译：分析师认为张女士精力充沛的性格特质使她成为一个伟大的销售人员和一个精明的商人。）

例 10　There were occasional threats from competitors, yet being a woman was not a problem, she says. "Actually, I didn't find it difficult," she says. "I found men respected me." （翻译：她说："有时也会遇见来自竞争者的威胁，但我是女性并没有问题，我发现很多男人尊重我。"）

以上的文本片段都体现出《纽约时报》对张女士的人格化描写。例 3 表现出张女士作为一个女性创业者要把自己的公司做大做强的决心和志气。例 4 则体现出她的人格特质决定了她可以成为一个成功的创业者，她善于抓住机遇并坚持下去。例 5 体现了她作为一个普通女性的魅力，她的笑容与装扮以及她的人格魅力。例 6 也是对她成为成功创业者的特质描写，通过对她很了解的人的话语可知她是一个有远见的人。例 7 体现她作为普通人的特质，很低调，甚至有些纯真。例 8 体现她作为一个优秀的管理者奖惩分明的特点。例 9 表现她拥有商人的精力充沛和精明。例 10 表现她作为公司老板的勇敢和自信。总之，这篇报道对张女士的人格化描写着重两个方面：（1）她作为成功女性创业者所具备的特质；（2）她作为一个普通女性的魅力。

例 11　Just five years ago, Zhang Yin and her husband were driving around the United States in a used Dodge minivan begging garbage dumps to give them their scrap paper. （翻译：就在五年前，张女士和她的丈夫开着一辆旧的道奇小货车在美国的各个垃圾堆放处收集废纸。）

She and her husband, who was trained as a dentist, had formed a company in the 1990s to collect paper for recycling and ship it to China. It was a step up from life back in Hong Kong, where she had opened a paper trading company with $3, 800 to cash in on China's chronic paper shortages. （翻译：她的丈夫以前是一位牙医，他们夫妻在 20 世纪 90 年代成立了一家公司搜集可循环使用的废纸并运往中国。）

例 12　Late last year, Forbes magazine named Ms. Zhang the wealthiest woman in China. She may even be the richest self – made woman in the world, challenging a handful of others, like Giuliana Benetton, who started the clothing company with her brothers, and Rosalia Mera, who co – founded Zara, the Spanish clothing retailer, with her former husband. （翻译：去年下半年，《福布斯》杂志把张女士评选为中国最富有的女性。她甚至是世界上白手起家最富有的女性，挑战了很多其他富有的女性，像与自己的哥哥一起创立服装公司的朱丽安娜·贝纳通，以及罗撒丽亚·麦拉，其与丈夫一起创立西班牙服装 Zara。）

例 13　But Ms. Zhang vigorously defends the appointment, saying her son is qualified and Nine Dragons is, after all, a family company. She has a second son in high school. And her younger brother, Zhang Chang Fei, is the company's deputy chief executive, worth an estimated $900 million, according to Forbes. （翻译：张女士积极地为让自己的儿子成为公司的非执行董事而辩护，她认为儿子是称职的，毕竟玖龙纸业是一个家族

公司。她的二儿子还在上高中。据福布斯统计，她的弟弟是公司的代理副执行长官，拥有9亿美元身价。）

例14　Ms. Zhang jumped to No. 5 this year in the Forbes ranking of the wealthiest people in China, from No. 107 last year, largely because of the huge public stock listing. （翻译：张女士从福布斯排名中国最富有的人第107位一跃到了第5位，主要是因为她拥有大量股权。）

例11到例14凸显了张女士的命运感。例11凸显了她跌宕起伏的命运，从五年前和丈夫在美国到处收废纸到今天的中国女首富，她丈夫曾经是个牙医，却改行做了纸业，例12中看到张女士超越众多富有的女性，成为中国富有的女性之一。例14也表现出作为女富豪的命运感。例13表现了她在公司继承方面的传统思想，弟弟和儿子都成为富豪，注定了她的公司是一个十足的家族企业，也是玖龙纸业公司以及张女士命运感的体现。《纽约时报》在报道中对人物人格化和命运感的凸显使人物更有吸引力，也表达了对中国女性的褒扬态度。

3. 行为分析

例1　As a result of her entrepreneurship, Zhang Yin is now among the richest women anywhere in the world, including Oprah Winfrey, Martha Stewart and eBay's chief executive, Meg Whitman. Her personal wealth is estimated at ＄1.5 billion or more, with members of her family worth billions more. （翻译：创业使张女士成为世界上最富有的女人之一，还包括 Oprah Winfrey, Martha Stewart 和 Ebay 的总裁 Meg Whitman。她的个人财富达到15亿美元以上，她家里的亲戚还有数十亿美元资产。）

Her companies take heaps of waste paper from the United States and

Europe, ship it to China and recycle it into corrugated cardboard, which is then used for boxes that are packed with toys, electronics and furniture that is stamped "Made in China" and often shipped right back across the ocean to American consumers. After the boxes are thrown away, the cycle starts all over again. （翻译：她的公司在美国和欧洲搜集大量的废纸，运往中国并回收制成纸板，再做成纸箱子用来包装写着"中国制造"的玩具，电子产品和家具并越洋运回卖给美国的消费者。）

例1的第一段是行为上的大格局，张女士成为中国最富有的女性之一，个人资产15亿美元，为中国争光；因为是家族企业，所以家族其他成员也都是亿万富豪。这样的行为描写是属于行为的大格局，张女士的成功代表了中国女性的成功，代表了中国女性发展的进步，值得被称颂。同时，她的成功为国也为家，她的很多家庭成员因为当初一起创业而成为富豪。第二段是张女士行为上的微内容，也就是她在创业期间的具体行为，她的工作流程以及如何靠一天天的努力实现家国成就。

　　例2　"My goal is to make Nine Dragons, in three to five years, the leader in containerboards," Ms. Zhang says emphatically in a short interview in her glistening Hong Kong office. "My desire has always been to be the leader in an industry." （翻译：在张女士香港的办公室里，一次简短的采访中张女士坚定地说："我的目标就是要在三到五年内使玖龙成为造纸业的领袖。"）

　　In person, Ms. Zhang is filled with nervous energy and hearty laughs. But she rarely grants interviews, and when she does, they are brief and controlled by an army of handlers. （翻译：就个人而言，张女士有时显得很

紧张，有时会露出发自内心的笑容。但是她很少接受采访，即使接受
采访也很简短。）

例2的第一段是对张女士大格局的描写，她的宏伟目标是要将玖龙发
展成为造纸业的领袖。紧接着第二段描写了有着如此宏伟目标的人却十分
低调，有着纯真腼腆的一面。这样的大格局和微内容形成了反差，使受众
多角度全方位地了解张女士，张女士的形象因而更加有血有肉，这样可以
唤起和张女士一样性格，一样真诚、腼腆女性的共鸣。

这篇报道在行为描写方面采取的是一边说大格局一边说微内容的方
式，说服者所欲倡导、激发的行为应从大格局、微内容两端切入。

4. 方法分析

新闻制作者要设计好的文本界面以获得受众的认同。与周群飞女士蓝
思科技的报道一样，这一篇关于张女士玖龙纸业公司的新闻报道在界面设
计上也具有较强的亲和力，笔者把着眼点放在对"人"的描写上，对张女
士的个人生活经历和创业经历进行描写。通过细节化的行为和语言描写，
以及活生生的个人生活经历描写，展现在受众面前的是一个有血有肉、人
格丰富而独立的女性以及她的传奇故事，使读者很容易与之产生共情，对
她产生崇敬之情。在文中穿插叙述中国经济增长迅速，对纸板和纸盒的需
求巨大，玖龙成为世界上增长最快的纸业公司，但是，仍然很难满足市场
对纸板的需求，尽管美国和欧洲纸业公司努力想超过玖龙纸业公司，但很
难实现，凸显出玖龙的成绩和贡献斐然。这种超出工具理性的人文主义是
灵韵巧妙地打动着读者。

5. 目的分析

这一篇关于玖龙纸业张女士创业故事的报道基本符合多元主义开放性

原则。遵循了利益互惠和价值同构原则。说服的目的要符合人对利益和价值的基本追求，玖龙纸业不仅惠及中国人民，更为世界上众多国家的人带来了福利，符合价值同构原则；女性发展本是社会发展的一个重要方面，也可以说是一种社会义务，对整体社会结构有重要意义。这篇报道对张女士创业经历进行了描绘，以及她作为成功女性创业者所具备的个人特质的刻画，比如精力充沛、能吃苦、有毅力、事业心重，但是，不失中国传统女性的柔美、纯真和低调等。这些符合大多数有梦想敢追求的女性的价值观，很容易引起共鸣，给予有相同价值追求的女性信心和勇气。所以，这篇《纽约时报》的报道符合价值同构原则。

从叙事结构上看，有大语境描绘也有小语境营造。角色塑造上有对张女士人格化和命运感的描述，体现了两个方面的主要内容：（1）她作为成功女性创业者的特质；（2）她作为一个普通女性的魅力和性格。行为描写上有大格局也有微内容，既表现了中国女性积极发展自我，担负社会责任、推动社会进步，在该领域做出贡献，又体现出个人的兴趣爱好在成就一个人的理想时起到的重要作用。

总之，通过对这两篇《纽约时报》中国女性发展议题相关报道的语篇分析，我们发现《纽约时报》报道的话语特点是：叙事很有说服力，尤其在语境营造、人物刻画、行为描写上有很强的话语技巧，让读者信服、感动。比如，不吝笔墨对人物的语言、动作、心理进行细致的描写。同时，运用了大量的积极话语，正面褒扬中国女性发展。

在中国女性发展议题上，《纽约时报》的立场是：赞扬中国社会给予女性发展空间，赞扬中国创业女性的优秀品质。在女性发展问题上，美国与中国有着相似的价值观，女性解放运动本就起源于美国，美国也是拥有众多优秀创业女性的国家。这些女性精力充沛、能吃苦、有毅力、事业心重，这些品质跨越国界，符合大多数有梦想、有追求的女性的价值观，很容易引起共鸣。

(二)《纽约时报》文本的句子分析

第一篇关于周群飞蓝思科技的报道并没有使用太多的被动语和名词化的方式来突出新闻制作者的观点和意图，在女性发展议题中我们更多用到的是积极话语分析，找出那些鼓舞人心的，描写中国女性创业者经历的，表现她们优秀品质的话语。

1. 主题分析

从标题 "How a Chinese Billionaire Built Her Fortune" 以及导语 "Zhou Qunfei, founder of Lens Technology, has come to define a new class of female entrepreneurs in China who have built their wealth from scratch." 可以看出这篇报道主要有两个主题：(1) 中国女创业者白手起家成为亿万富豪；(2) 蓝思科技董事长周群飞成为她们的代表。这两个主题都非常正面。这也表明《纽约时报》积极肯定了中国社会的改革开放给予女性发展空间，使女性创业者有机会白手起家成为亿万富豪。对此，《纽约时报》的态度是赞扬。但是，在文中新闻制作者不忘提及中国社会的一系列变化是源于所谓"资本主义制度"在中国的实行，所以这一点上来看，《纽约时报》难逃意识形态的影响。

2. 修辞分析

这篇报道中用到的修辞手法主要是对比。例子如下：

例 1 In creating a global supplier, Ms. Zhou, 44, has come to define a new class of female entrepreneurs in China who have built their wealth from nearly nothing — a rarity in the world of business. In Japan, there is

not a single self – made female billionaire, according to Forbes . In the U-
nited States and Europe, most women who are billionaires secured their
wealth through inheritance. （翻译：蓝思科技成为全球供应商，44 岁的
周女士定义了中国新一代白手起家的女性创业者，这在世界上很罕
见。根据福布斯杂志的统计，在日本，还没有一个白手起家的女性亿
万富豪。在美国和欧洲，大多数的女性成为亿万富豪都是通过继承家
族财产。）

例 1 中通过中国的周女士与日本、欧洲、美国的女性富豪的比较，突
出表现了唯有中国女性创业者的代表周女士是白手起家创造亿万财富，其
他国家的女性富豪多是通过家族继承财产获得财富。

例 2　Ms. Zhou isn't a celebrity chieftain, like Jack Ma, the billion-
aire founder of the e – commerce giant Alibaba. Few in China had even
heard her name before her company's public offering this year. She rarely
grants interviews or makes public appearances. （翻译：周女士不是像电
子商务巨头阿里巴巴的创始人马云那样的名人。在她的公司上市之前
很少有人听过她的名字。她也很少接受访谈或者在公众面前露面。）

例 2 也是用了对比的修辞手法，把周女士与马云做了对比，是对周女
士性格的描写，她虽拥有亿万资产为人却十分低调。这也是对中国女性创
业者的正面描写，表明其是全世界女性学习的榜样，有很强的激励作用。

报道中两处用到对比的修辞手法都是对中国女性创业者的正面描述，
属于积极话语分析的范畴。女性要求平等与发展是世界各国人民共同的愿
望，这一点也符合普遍的价值观。因此，《纽约时报》的新闻制作者也很
自然地宣扬这一点。

3. 引语分析

新闻制作者所选择说话人可能会有一些意识形态意义，同时也能通过这些人的身份表现出新闻的客观性。

例 1 "She'll sometimes sit down and work as an operator to see if there's anything wrong with the process," said James Zhao, a general manager at Lens Technology. "That will put me in a very awkward position. If there's a problem, she'd say, 'Why didn't you see that?'" （翻译："她有时会坐下来，像一个业务员一样判断流程是否顺利进行，"蓝思科技的总经理赵先生说："这会让我感觉很尴尬。如果有问题了，她会说：'你为什么没有看见?'"）

例 2 "This is an industry that requires highly sophisticated technology," says Stone Wu, an analyst at HIS Technology, the research firm. "If you have a ruler, check out how thin 0.5 millimeters is, and you'll understand how hard it is to manufacture something that thin." （翻译："这一行业需要很高超的技术，"HIS 科技公司的分析师吴先生说道，"如果你有一把尺子，你可以看一下 0.5 毫米有多薄，你就会知道制造那么薄的玻璃有多么难。"）

例 3 No country has more self – made female billionaires than China. The Communist Party, under Mao Zedong, promoted gender equality, allowing women to flourish after capitalism started to take hold, according to Huang Yasheng, an expert in China's entrepreneurial class and a professor of international management at M. I. T. （翻译：没有哪个国家白手起家的女性创业者比中国还多。专门研究中国创业者的专家、麻省理工学院

国际管理学教授黄雅生认为，中国共产党在毛泽东的领导下积极推进性别平等，自"资本主义"开始在中国扎根以来，允许女性发展自我。）

例4 "She was a hard-working and talented student," Zhong Xi-aobai, her former middle-school teacher, says. "I once read her essay, 'My Mother,' aloud in class. It was so moving it brought everyone to tears."（翻译：她小时候所在中学的老师钟小白说："她是一个努力且聪明的学生，我有一次在班里大声朗读了她写的作文《我的妈妈》，写得如此感动，几乎人人落泪。"）

例5 The conditions, she said, were harsh. "I worked from 8 a. m. to 12 a. m., and sometimes until 2 a. m.," Ms. Zhou recalled. "There were no shifts, just a few dozen people, and we all polished glass. I didn't enjoy it."（翻译：她说当时条件真的很艰苦。"我每天从早上八点工作到十二点，有时到下午两点，"周女士回忆到，"没有换班，只有十几个人，我们都在抛光玻璃。我实在不喜欢这样的工作。"）

例6 "In the Hunan language, we call women like her 'ba de man,' which means a person who dares to do what others are afraid to do," said her cousin Zhou Xinyi, who helped her open the workshop and now serves on the Lens board. （翻译："我们把像她这样的女性叫作'ba de man'，意思是敢于做别人不敢做的事的人。"她的堂兄周新宜说。他也是蓝思科技的董事会成员，并且是公司创业早期帮她开工作坊的人。）

例7 "She's a passionate entrepreneurs, and she's very hands-on," says James Hollis, an executive at Corning, which has a partnership with

Lens Technology. "I've watched her company grow, and her develop a strong team. Now there are over 100 competitors in this space, but Lens is a Tier 1 player." （翻译：康宁的执行总监詹姆斯说："她是一个富有激情的创业者，非常具有实干精神。"康宁与蓝思科技有着亲密的伙伴关系。"我们看着她的公司成长，发展成了一支强大的队伍。现在在此领域有100多个竞争者，但是蓝思科技依然位居第一。"）

例8 Ms. Zhou designs and choreographs nearly every step of the process, a detailed - oriented approach she traces to her childhood. "My father had lost his eyesight, so if we placed something somewhere, it had to be in the right spot, exactly, or something could go wrong," she said. "That's the attention to detail I demand at the workplace." （翻译：周女士设计和编排了流程中的每一个步骤，这种重视细节的方法跟她的童年有很大的关系。"我的爸爸没有视力，所以如果我们把什么东西放在什么地方，必须要放得准确，否则就会出现问题，"她说，"在工作的时候我也是这样注意细节的。"）

例9 "As a quality inspector, I had to stare at those products all day long, so this is a tiring job," said Gao Zhimei, who recently left Lens Technology. "But I should say that working in manufacturing is always tiring and working at Lens is not more tiring than working in other factories." （翻译："作为一个质量检查员，我必须得一整天盯着产品看，所以这的确是一项很辛苦的工作，"最近离开了蓝思科技的高志美说道，"但是我得承认从事制造业一直是非常辛苦的工作，而在其他的工厂工作也不会比在蓝思科技好。"）

　　从这篇报道的引语来看，新闻制作者想要刻画周女士在工作中的人格特征时，引用了例1蓝思科技总经理赵先生、例4周女士中学老师钟小白、例6周女士堂兄周新宜、例7康宁公司执行总监、例5和例8周女士本人的话语。从这些被引用者的身份看，都十分有说服力。少年时的老师、一起创业的亲戚、工作中的搭档、商业合作伙伴，可以说，这些人的话语从不同的侧面对周女士的人格特征进行了刻画，将人物多角度呈现在受众面前，形象十分丰满，而且给读者真实客观的感觉，并且全部采用直接引语的方式，说明这些观点和态度就代表了《纽约时报》的观点和态度。在新闻制作者描述玻璃制造过程中的难度时，引用了例9蓝思科技一位质量检查员高志美的话以及例2 HIS科技公司吴先生的话。从身份上看，这两位被引用者对玻璃制造业都有着很强的专业性，所以，引用他们的话可以轻易地让读者信服，使故事生动、真实。这也是讲好中国女性故事的一个优秀例子。在谈到中国女性发展的社会背景时，新闻制作者引用麻省理工学院教授黄雅生的话，在肯定中国共产党积极倡导性别平等和鼓励女性发展的同时，又指出这一切的福祉来源于所谓"资本主义制度在中国的实行"。也就是说，《纽约时报》在谈及社会背景这样的女性发展大前提时依然无法脱离其意识形态和固有社会认知对它的影响，这一点上的分析属于批评话语分析。

　　从句子层面来看，这篇关于蓝思科技董事长周群飞的报道为我们讲好中国女性故事，提高中国女性在世界人民心中的位置，提升中国在女性发展议题方面的国际话语权提供了一个很好范例。但《纽约时报》作为美国官方纸媒的代表，即使是这种带有普遍价值观、正面宣扬中国女性发展进程的报道，也难脱意识形态的影响。所以，我们在中国涉外媒体报道的过程中，可以关注这些问题，破除意识形态偏见，让世界人民看见一个更真实的中国。

以下是第二篇关于玖龙纸业张女士创业故事报道的句子分析。

与周群飞的报道类似，这篇报道并没有使用太多的被动语和名词化的方式来突出新闻制作者的观点和意图，所以，我们更多关注报道中的积极话语。

1. 主题分析

从标题 "A Self – Made Billionaire Wrote Her Ticket On Recycled Card-board" 以及导语 "Now, with the paper industry shifting to China, where labor and land are cheaper, Ms. Zhang and Nine Dragons are vowing to take on the world's global paper giants, like International Paper, Weyerhaeuser and Smurfit Stone." 可以看出这篇报道主要有两个主题：（1）中国女创业者白手起家在可再生纸板行业成为亿万富豪；（2）因中国的劳动力市场优势，玖龙纸业董事长张女士在可再生纸板行业成为全球巨头。这两个主题都非常正面。这也表明《纽约时报》积极肯定了中国社会的改革开放给予女性的发展空间，使女性创业者有机会白手起家成为亿万富豪。对此，《纽约时报》的态度是赞扬。但是，在文中新闻制作者在说明张女士创业环境时指出，中国社会官商勾结，却没有证据来支撑这样的观点，所以从这一点上来看，《纽约时报》还是难逃意识形态和权力关系的影响。

2. 修辞分析

这篇报道中用到的修辞手法主要是对比。例子如下：

例1　China's own paper products are poor quality, often made from grass, bamboo or rice stalks, leaving it at a disadvantage against waste paper derived from wood pulp, the source of most paper made in the United States and Europe. （翻译：中国自己的纸产品质量比较差，通常由草、竹子或者稻秆制成，它的质量不如美国和欧洲用木头制成的纸的质量。）

例1通过对比的修辞手法，体现了中国和美国、欧洲纸的质量差异很大，正是张女士关注到了这样的差异，才有机会成为世界纸业公司的巨头。因此，修辞的使用对凸显人物发展历程有积极意义，为中国女性发展构建了更加积极的话语。

例2　Foreign paper companies have been slow to build a sizable manufacturing base in China. Analysts doubt they will catch up any time soon. And Chinese manufacturers have advantages. They burn cheap coal rather than clean but expensive natural gas. And they are capitalizing on less expensive labor and the newest machinery, while papermakers in the United States and Europe are often using less efficient machines from the 1970s and 1980s. （翻译：外国的纸业公司在中国制造大型制造基地的速度很慢。分析家们认为他们很难赶上来。中国的制造商很有优势。他们烧便宜的煤，不用清洁而昂贵的天然气。他们的劳动力价格低，用的是最新的设备。而美国和欧洲的纸业制造者用的是20世纪七八十年代效率较低的设备。）

例2与例1一样通过对比的修辞手法，说明了中国和美国、欧洲纸业公司在所用设备、制造工艺、劳动力资源上的不同。因此，修辞的使用对诠释张女士的纸业公司如何发展并成长为全球纸业巨头有积极构建意义。也可以说，为中国女性发展构建了更加积极的话语。

3. 引语分析

例1　"I remember what a man in the business told me back then,"

Ms. Zhang said. "He said, 'Wastepaper is like a forest. Paper recycles itself, generation after generation.'" (翻译：张女士说："我记得一个在造纸业内部的人劝我回来。他说废纸就像森林一样。纸可以一代又一代地循环使用。")

例 2　"She's a visionary," says Herman Woo, an analyst at BNP Paribas, which helped her paper company list shares in Hong Kong. "She doesn't mind putting a lot of money in at the beginning, to build the company." (翻译：帮助她在香港上市的 BNP 分析师 Herman Woo 说："她富有远见。她不介意在一开始大量投入资金来建设公司。")

例 3　Ms. Zhang is cagey about how she made her fortune. In a society known for close ties and hidden deals between government officials and business leaders, she says simply, "I'm an honest businesswoman." (翻译：张女士对于她如何创造财富吞吞吐吐，在一个政府官员和商人关系紧密并有私下交易的社会，她只是简单地说："我是一个诚实的商人。")

例 4　Ng Weiting, who was her partner in Hong Kong in the 1980s, says Ms. Zhang was driven and tough and had figured out how to get the best performance out of her workers. "When her employees asked for a pay raise, she would grant it if it was reasonable," he recalled. "But when her employees made mistakes, she would criticize them severely. She made it clear when to reward and when to punish." (翻译：Ng Weiting 是张女士20 世纪80 年代在香港时的合作伙伴，他说张女士是个积极而厉害的人，她会告诉员工怎么样可以在工作中表现得最好。他回忆道："当她的员工要求加薪时，她认为如果合理的就会给他们加。但是当她的

员工犯错误的时候，她会严厉地批评他们。她很清楚什么时候该奖励什么时候该惩罚。"）

例5 There were occasional threats from competitors, yet being a woman was not a problem, she says. "Actually, I didn't find it difficult," she says. "I found men respected me." （翻译：她说："有时也会遇见来自竞争者的威胁，但我是女性并没有问题，我发现很多男人尊重我。"）

例6 "It's very difficult for U. S. companies to get into this business now," says Mr. Woo at BNP Paribas. "I heard five or six years ago they looked at opportunities but they didn't do anything." （翻译：法国巴黎银行的 Woo 先生说："美国公司想要进入这个行业是十分困难的。我听说五六年前他们就瞄准了机会，但是到目前都没有任何行动。"）

例7 "Right now," Mr. Woo adds, "the largest globally is Smurfit Stone. Weyerhaeuser is No. 2. By 2008, Nine Dragons could be No. 1." （翻译：Woo 先生说："现在，墨菲特石是全球最大的一家。惠好公司排名第二。到 2008 年，玖龙纸业可以排名第一。"）

例8 She hasn't lost her ambition, though. Sometimes called "the queen of trash", she doesn't disown the title. But, she said, "Some day, I'd like to be known as the queen of containerboards." （翻译：但是，她并没有丧失进一步扩张的野心。有时她被称作是"垃圾女王"，她配得上这样的名号。但是，她说："我希望有一天，我被称作'纸板箱女王'。"）

从这篇报道的引语来看，在新闻制作者想要刻画张女士在工作中的人格特征时，引用了例 1 一个同样从事纸业的人、例 2 法国银行的 Woo 先生、例 4 Ng Weiting20 世纪 80 年代张女士在香港时的合作伙伴，以及例 3、例 5 和例 8 张女士本人的话语。被引用者的身份就是一种说服力，人物形象通过不同的"他者"进行描述，实现了多方位、多角度的呈现，丰富性和客观性也得以体现。"他者"直接引语的运用充分体现了《纽约时报》的态度。在新闻制作者描述玖龙纸业公司时，引用了例 6、例 7 法国银行 Woo 先生的话。从身份上看，法国银行的 Woo 先生对玖龙纸业公司十分了解，所以，引用他的话可以轻易地让读者信服，使故事生动、真实。

从句子层面来看，这篇关于玖龙纸业公司董事长张女士的报道与蓝思科技周女士的报道模式相似，为我们讲好中国女性故事，提高中国女性在世界人民心中的位置，提升中国在女性发展议题方面的国际话语权提供了一个很好范例。

通过对两篇《纽约时报》女性发展议题文本进行句子分析，我们发现该议题报道中的话语几乎没有使用被动化和名词化来体现新闻制作者的意图。修辞的应用突出表现了女性创业者的优秀，大量引语生动地呈现了女性创业者的个性、品质。《纽约时报》在该议题报道上的话语特点是：通过大量使用直接引语来体现人物特质，使人物形象丰满，叙事有说服力和感染力。表达的立场是：中国创业女性拥有很多优秀的品质，她们通过自身的努力和坚持获得国际认可；同时中国改革开放给予她们发展的机会。

（三）《纽约时报》文本的词汇分析

第一篇关于周群飞蓝恩科技的报道中的词汇主要有三个描述对象：周女士的人格、周女士的外形、周女士的公司。看下面的例子：

例 1　Ms. Zhou is fastidious（翻译：挑剔、苛求）and demanding

（翻译：高要求的）...Yet she exudes charm（翻译：魅力）and humility（翻译：谦逊）...

例 2 "She was a hard-working（翻译：勤奋的）and talented（翻译：有天分的）.

例 3 Her work habits lean toward the obsessive（翻译：痴迷的）.

以上三个例子是对周女士人格的描写，从这些词汇可以看出，周女士从小勤奋而且聪明，平时是一个有魅力而且谦逊的女性，对待工作有高要求，工作起来常常达到痴迷的状态。这些描写都是对女性创业者积极正面的刻画，是所有有梦想的女性学习的榜样。

例 4 An elegant woman with a cherubic（翻译：天使一般的）face, owlish（翻译：严肃的）glasses and a preference for Christain Dior suits.

例 4 是对周女士外貌的描画，给人的印象是她虽然严肃认真，但是有天使一般的面庞，十分符合我们对有魅力女性的期盼。既有作为董事长的威严，也有作为女人的柔美。

例 5 Ms. Zhou has honed her hands-on knowledge into a world-class（翻译：世界一流的），multibillion-dollar（翻译：资金雄厚的）operation, one at the vanguard（翻译：领军人物）of China's push into high-end manufacturing. Lens Technology is now one of the leading（翻译：领先的）suppliers of the so-called cover glass...

例 5 是对蓝思科技公司的描述。从这些词汇"世界一流的""资金雄厚的""领军人物""领先的"来看，这篇报道对蓝思科技不吝褒奖之词，对塑造中国女性创办的企业形象有积极作用，这样的话语鼓舞人心，属于积极话语分析的范畴。

下面是对第二篇报道的词汇分析。这一篇报道中的词汇主要有四个描述对象：张女士的人格、张女士的外形、张女士的玖龙纸业公司、张女士成长和发展的社会背景。看下面的例子：

例1　A petite 49 – year – old woman with a cherubic（翻译：天真无邪的）smile and a fancy（翻译：喜爱）for diamonds, she started out from a modest background, the daughter of a military officer.

例2　"She's a visionary（翻译：有远见的人），" says Herman Woo, an analyst at BNP Paribas, which helped her paper company list shares in Hong Kong.

例3　In person, Ms. Zhang is filled with nervous energy（翻译：紧张的情绪）and hearty laughs（翻译：发自内心的笑）. But she rarely grants interviews, and when she does, they are brief and controlled by an army of handlers.

例4　Ng Weiting, who was her partner in Hong Kong in the 1980s, says Ms. Zhang was driven（翻译：奋发图强的）and tough（翻译：厉害的）and had figured out how to get the best performance out of her workers.

例5　Analysts say Ms. Zhang's ebullient（翻译：精力充沛的）personality made her a great saleswoman and a sharp（翻译：精明的）deal maker.

例6　But Ms. Zhang vigorously（翻译：积极地、大力地）defends the appointment, saying her son is qualified and Nine Dragons is, after all, a family company.

例 1 至例 6 中的划线词汇主要是对张女士外貌和人格的描写。从例 1 的外貌描写中看出，张女士被描写为一个拥有可爱气质的魅力女性，她的微笑"天真无邪"，和所有女性一样喜欢珠宝。例 3 体现了日常生活中张女士的性格，有些容易紧张，却有发自内心的笑容，有中国传统女性纯真的一面。《纽约时报》的新闻制作者用这些正面的、积极的话语塑造了一个很有亲和力的女性企业家形象。尽管在外貌上可爱，生活中纯真，但是工作中的张女士却是一个不折不扣的"狠角色"，例 2、例 4、例 5 和例 6 中用词汇"有远见的""发奋图强的""厉害的""精力充沛的""精明的""积极的"来形容企业家张女士，从这些正面词汇的运用中我们发现张女士能成为成功的女企业家，把玖龙纸业公司发展成为全球最大、最富有的纸业公司，自己成为中国女首富并不是偶然，除了很好的机遇以外，还有很好的人格品质成就了她。

例 7　That company, Nine Dragons Paper, is now China's biggest（翻译：中国最大的）papermaker. The company raised nearly $500 million when it went public here last March with the help of Merrill Lynch.

例 8　"My goal is to make Nine Dragons, in three to five years, the leader（翻译：领导者）in containerboards," Ms. Zhang says emphatically in a short interview in her glistening Hong Kong office. "My desire has always been to be the leader in an industry."

例 7、例 8 中的划线词汇是对张女士玖龙纸业公司的描写。"中国最大的""领导者"这些词汇的使用可以表现出玖龙纸业公司的规模和发展速度，从正面体现了在张女士的带领下，玖龙纸业公司取得了很大的成就。

例9　Ms. Zhang is cagey（翻译：吞吞吐吐的）about how she made her fortune. In a society known for close ties（翻译：紧密联系）and hidden deals（翻译：私下交易）between government officials and business leaders, she says simply, "I'm an honest businesswoman. "

例10　Ms. Zhang was the oldest of eight children born into a military family from northern Heilongjiang Province, near the Russian border. During the brutal（翻译：残酷的）"Cultural Revolution", which began in 1966, her father was sent to prison, like millions of others who were branded（翻译：被污名化为）"counterrevolutionaries"（翻译：反革命分子）or "capitalist roaders". （翻译：走资派）.

例11　When the "Cultural Revolution" came to a close in 1976, her father was released from prison and "rehabilitated"（翻译：平反或恢复名誉）. She went to work as an accountant.

例9、例10、例11是对张女士成长和发展的社会背景进行介绍。例9中张女士在谈论中国商业环境时的表现用 cagey（吞吞吐吐的）来形容，说明《纽约时报》新闻制作者认为中国的商业环境并不是很透明，这一点从后面用到的词汇 close ties（紧密联系）和 hidden deals（私下交易）来说明这样一种不够完善的商业环境，表面上反衬出张女士的诚实，让读者认为她的成功更加得来不易。例10、例11在描述张女士成长环境时，着重描写了"文化大革命"给中国社会和张女士的家庭带来的影响。从这些词汇的使用中可以看出，《纽约时报》新闻制作者对中国"文化大革命"持负面的态度。说明《纽约时报》在议程设置上有意地突出了中国社会在发展中曾经出现的问题，难脱意识形态影响。

通过对两篇《纽约时报》报道的词汇分析我们发现，对周女士的外貌，报道用了"天使一般的"来描写，对张女士的笑容，用了"天真无邪的"来形容；对周女士的个性用了"高要求的""有魅力的""谦逊的""勤奋的""有天分的""对工作痴迷的"等一系列褒义词，对张女士的个性用了"有远见的""精力充沛的""发奋图强的""厉害的""精明的""积极的"等正面积极的词汇。

在谈到"文化大革命"时，用到了"残酷的""被污名化的"等负面词汇。词汇特征是：大量正面词汇褒扬中国成功女性品质，但有个别负面词汇体现中国历史问题。

（四）文本分析小结

从语篇层面看，《纽约时报》这两篇报道关于蓝思科技周女士和玖龙纸业张女士报道立场相似。从叙事结构上看，有大语境描绘也有小语境营造。角色塑造上有对周女士和张女士人格化和命运感描述，体现了两个方面的主要内容：（1）她们作为成功女性创业者的特质；（2）她们作为一个普通女性的魅力和性格。行为描写上有大格局也有微内容，既表现出中国女性积极发展自我，担负社会责任、推动社会进步，在该领域做出贡献，又体现出个人的兴趣爱好在成就一个人的理想时起到的重要作用。报道不吝笔墨对人物的语言、动作、心理进行细致描写。报道的界面设计有亲和力，超越了单纯的工具理性。新闻图式上，总体对中国的女性发展空间给予肯定，体现了中国社会给予女性很好的创业环境，用正面积极的语言赞扬了中国女性创业者身上所特有的品质。

从句子层面来看，对比的修辞手法突出女性创业者的优秀，大量直接引语生动地呈现了女性创业者的个性和品质，人物形象丰满，叙事有感染力。表达的立场是：中国创业女性拥有很多优秀的品质，她们通过自身的努力和坚持获得国际认可；同时中国改革开放给予她们发展的机会。

词汇层面上，报道不吝对中国女性创业者以及中国企业的褒奖之词，大量正面词汇褒扬中国成功女性品质，而这些品质也是其他国家成功女性所共有的特质，很容易引起国际受众的共鸣。但有个别负面词汇体现中国历史问题。比如，在谈及张女士的成长环境时，《纽约时报》对中国"文化大革命"的介绍用了负面词汇。

二、言语实践强调新闻可信度

下面以几个《纽约时报》的例子来说明新闻来源对媒体表达效果的影响。

1. "She'll sometimes sit down and work as an operator to see if there's anything wrong with the process. " said James Zhao, a general manager at Lens Technology. （翻译：蓝思科技一位总经理赵詹姆斯说："她有时会坐下来，并像一个程序员一样看看这个过程有什么问题没有。"）这一句是具体新闻来源，来自蓝思科技的一位总经理。

2. "As a quality inspector, I had to stare at those products all day long, so this is a tiring job," said Gao Zhimei, who recently left Lens Technology. "But I should say that working in manufacturing is always tiring and working at Lens is not more tiring than working in other factories. "（翻译："作为一个质量检查员，我必须得一整天盯着产品看，所以这的确是一项很辛苦的工作，"最近离开了蓝思科技的高志美说道，"但是我得承认从事制造业总是非常辛苦的工作，而在其他的工厂工作也不会比在蓝思科技好。"）这也是具体新闻来源的例子。

3. "My goal is to make Nine Dragons, in three to five years, the leader in

containerboards,"Ms. Zhang says emphatically in a short interview in her gliste-ning Hong Kong office. "My desire has always been to be the leader in an indus-try."（翻译：在张女士香港的办公室里，一次简短的采访中张女士坚定地说："我的目标就是要在三到五年内使玖龙成为造纸业的领袖。"）具体新闻来源的又一例子。

4. "Right now," Mr. Woo adds, "the largest globally is Smurfit Stone. Weyerhaeuser is No. 2. By 2008, Nine Dragons could be No. 1."（翻译：Woo先生说："现在，墨菲特石是全球最大的一家。惠好公司排名第二。到2008年，玖龙纸业可以排名第一。"）具体新闻来源的例子。

通过以上的例子我们看出，在女性发展议题的报道中，《纽约时报》有具体新闻来源的报道比例很高，10篇文章里有9篇具体新闻来源，只有1篇模糊新闻来源，没有不具体新闻来源，说明它们在报道女性发展议题时都是持客观的态度，呈现中国女性发展的正面态势。

三、社会实践中正面展示社会包容与赞扬

根据美国波士顿咨询公司的调查资料显示，美国女性创业占到其18 - 64岁人口比例的10%，而中国女性创业占比达到了11%，与美国相当，且相较于法国、德国、俄罗斯等欧洲国家女性，更具创业精神。

首先，在政策上，美国一直以来都支持女性创业。从资金到奖项，从孵化器到社群支持，有多个立足美国为女性创业服务的特色组织。如Women 2.0是全球最大的为科技界女性服务的社群性媒体，专门提供帮助女性科技创业的信息和各项活动。Change Catalyst是美国旧金山一个为有半成型创业想法的女性创业者提供孵化器、加速器以及融资的网络平台。由纽约大学帝许艺术学院（Tisch School of the Arts, NYU）自2011年创办

的女性企业家大会旨在汇聚全美优秀的女性企业家，向有创业理想的女性分享创业故事。40Forward 是谷歌企业家（Google for Entrepreneurs）旨在通过培训项目和 100 万美元与全球 40 家专门服务女性创业者的加速器合作，改善女性在创业环境中的劣势。

女性企业家大会（Women Entrepreneurs Festival 2015 at NYU）和女性创业日（Women's Entrepreneurship Day at the United Nations）已经和著名的 TED 大会并列，成为美国《企业家》杂志在年初评选最值得投入时间和金钱的商业会议之一。卡地亚灵思涌动女性创业家奖（Cartier Women's Initiative Awards）是由全球女性经济社会论坛（Women's Forum for the E-conomy and Society）举办的女性创业者商业企划案比赛大奖。2014 年的亚太区大奖颁给了分别从麻省理工学院和哈佛大学毕业的 Diana Jue 和 Jackie Stenson。她们创立的 Essmart 致力于通过创新的产品设计让低收入的农村人口也可以运用最新的科技，如太阳能技术和水净化技术。Pipeline Fellowship 是专门培养女性天使投资人的奖学金项目，与 37 Angles 相同，也是为解决天使投资领域女性从业者过少的问题。

另外，美国也诞生了无数优秀的成功女性。在从斯坦福走出的女性企业家中，比较出名的有 One Kings Lane 公司的创始人埃莉森·平克斯、Everspring 公司的伊丽莎白·荷兰伯格和 Shift Technologies 公司的明妮·英格索尔等。十年中哈佛共走出了 119 名女性企业家，她们创办了 115 家公司，合计融资 27.4 亿美元。Gilt、Nextdoor 和 Rent the Runway 等新锐公司都是这些美国女性创办的。

美国有众多成功的创业女性，这些创业女性与中国创业女性有着相同的特质，美国媒体在报道中国女性发展时构建了符合国际受众认知的新闻内容。在文本分析中我们发现，《纽约时报》在报道的时候也体现了中国女性创业者的勇敢和坚定、自信和耐心，用积极肯定的话语展现中国创业女性的风采和中国社会给予女性的发展环境。

第五节　《中国日报》海外版与《纽约时报》 在女性发展议题报道上的积极话语比较

一、女性发展议题上的文本分析比较

在中国女性发展议题的语境营造上，《中国日报》海外版和《纽约时报》的相同点在于：都用了大语境和小语境相结合的语境营造方式，把社会大环境和个人的小环境结合在一起。不同点在于：《纽约时报》不但有大小语境营造，还有偶然和必然语境的营造；《中国日报》海外版的语境营造方式比较单一。具体表现在如下方面：

《纽约时报》在报道蓝思科技董事长周群飞时，既有大语境的描写，如中国社会倡导性别平等，给女性发展创造了积极的条件，全球女性成功创业者多以继承家族企业为主，而周女士通过白手起家成为中国女性创业者的典范；也有小语境的营造，如周女士的蓝思科技上市的基本情况。如此大语境与小语境的结合，就是在恢宏壮阔的历史语境下刻画剧中人物细微的生活际遇，使人物形象与环境的结合更加紧密。除了"大＋小"的语境营造模式以外，还有"偶然＋必然"的语境营造模式。叙述那些偶然与无常、必然与命定的境遇，往往最令人心动，从而引起读者的共鸣。由此可见，《纽约时报》在这一点上是值得中国涉外媒体借鉴的。

《中国日报》海外版报道唐维尼的创业经历时，也进行了大语境和小

语境的营造，但是，对大语境的描写着重说明 1997 年女性创业环境不好，唐女士依靠自身努力推进创业进程，最终获得成功。小语境的描写更加侧重于她个人发自内心地对事业的喜爱。

角色塑造上，《中国日报》海外版和《纽约时报》的相同点在于：都对角色进行了比较完善的设计，角色的人格化和命运感都得到很好的描述。不同点在于：《纽约时报》对角色的生活经历做了仔细的描述，包括家境、教育、人生重要节点上的际遇、个人生活、事业转折点等；而《中国日报》海外版只是简单地描述了唐女士事业走向成功的经历，对她的其他经历叙述较少，整体上没有《纽约时报》对角色的塑造那么丰满生动，对于受众的吸引力自然弱一些。具体表现在：

《纽约时报》描写刻画了周女士的性格特征：工作上一丝不苟，细心严谨的态度，以厂为家的敬业精神。同时对角色的命运进行刻画：她出身贫寒，没有机会得到良好的教育，而到工厂做工人是她当时能找到的最好的工作；其成为中国女性首富也是命运的安排，她工作态度谨慎，对工人严格要求。在整个叙述的过程中，工作上的一丝不苟和细心严谨是通过她在工厂里的语言和动作来体现的，文章用了大篇幅来描写细节，读者不知不觉沉浸在故事中，体会人物在场景中的感受和心情，叙事很有感染力。

《中国日报》海外版通过描写唐女士在图书馆的行为体现了她从小对地理信息系统的浓厚兴趣，而这些为她后来的成功奠定了基础。通过唐女士早年的创业经历，体现了一个女性创业者敢于打破女性传统思维，放弃稳定生活的果敢精神，描写了唐女士作为优秀女性的个人际遇，这些都是角色的命运感。她需要自己克服许多的困难，靠自己的双手去创业，她坚韧和吃苦耐劳的精神，也是新闻报道中角色人格化的体现。但是，报道只是概述唐女士的个性和经历，并没有花大笔墨去进行细节描写，读起来更像概况，而不像故事，感染力不如《纽约时报》。

行为描写上，《中国日报》海外版与《纽约时报》的相同点在于：对人物行为描写既有大格局又有微内容。不同点在于：《纽约时报》对行为的描写更加具体化。具体体现在：

《纽约时报》在描写周女士时指出周女士靠自己白手起家创造亿万财富，是所有女性创业者的榜样，是世界最知名手机品牌苹果和三星的主要供货商，习近平主席曾参观她的工厂。这一系列的描述表明了她的社会认可度、地位、贡献，都是行为上的大格局。从大格局看，周女士的行为是所有女性创业者的榜样，是国家的光荣，得到了世界范围内的广泛认可，但是，所有的荣誉都是与她的行为上的微内容相关联的，她的细心、严谨、专业铸就了她的成就，使她与她的公司成为国家的光荣。

《中国日报》海外版对唐女士行为的描述也是大格局和微内容相结合。但是，《中国日报》海外版对这些人物行为描写总是简单一两句概括，感染力不够。

叙事方法上，《中国日报》海外版和《纽约时报》的处理方法相似，文章的界面设计都很清晰。不同点是：《中国日报》海外版的描写比较简略。具体体现在：

《纽约时报》关于周女士的报道和《中国日报》海外版对于唐女士的报道都是对其个人生活经历的描写。尤其是《纽约时报》通过细节化的行为和语言描写以及活生生的个人生活经历描写，展现在受众面前的是一个有血有肉、人格丰富而独立的女性以及她的传奇故事，使读者很容易与之产生共情。

在达成赞扬中国创业女性优秀品质的叙事目的时，《中国日报》海外版和《纽约时报》都符合价值同构原则。具体表现在：

《纽约时报》对周女士的报道会让国际受众从她的经历中找到自己，产生强烈的认同感，被她的灵魂和品质所鼓舞，更加坚定和努力。国际受众通过她的故事对中国社会女性的地位有了更生动的了解，他们会意识到中国政府给予了女性创造的机会，从而提升中国的国际话语权。

新闻图式上，《中国日报》海外版和《纽约时报》的新闻图式设计十分相近。可以总结为：总体上看，报道对中国的女性发展空间给予肯定，体现了中国社会给予女性很好的创业环境，赞扬了中国女性创业者身上所特有的品质。

在句子层面上，《中国日报》海外版和《纽约时报》的相同点在于：都用了直接引语来表现中国成功女性的特质。不同点在于：第一，《纽约时报》用了大量直接引语，数量比《中国日报》海外版多，并且大多数的直接引语都来自周女士和张女士的同事和亲人，当然也包括对她自己话语的引用。《中国日报》海外版报道中所有的直接引语全部是对唐女士自己话语的引用，没有旁人对她的描述。第二，《纽约时报》在讲故事的过程中，更加善用修辞，用了对比的修辞手法。具体表现在：

《纽约时报》通过来自不同身份的人的直接引语体现了报道内容的专业性，使故事更让人信服，使读者多角度地认识周女士和张女士。同时报道用了对比的修辞手法，通过中国的周女士与日本、欧洲、美国的女性创业者的比较，突出表现了唯有中国女性创业者代表周女士是白手起家创造亿万财富，其他国家的女性富豪多是从家族继承财产。玖龙纸业张女士的报道通过对比的修辞手法体现了中国和美国、欧洲纸的质量差异很大，张女士关注到了这样的差异，才因此有机会成为世界纸业公司的巨头。因此，修辞的使用对凸显人物发展历程有积极意义，为中国女性发展构建了更加积极的话语。

《中国日报》海外版的新闻制作者通过直接引语选择了从唐女士的角度进行观察。所有的直接引语全部是对唐女士自己话语的引用。

在词汇层面上，《中国日报》海外版和《纽约时报》的相同点在于：大量的正面词汇反映了新闻制作者对中国女性创业者以及中国企业的褒扬。不同点在于：《纽约时报》用了大量的正面词汇描写人物的个性品质和外貌，使人物形象生动丰满，有吸引力。《中国日报》海外版几乎没有描绘人物的外貌。具体表现在：

《中国日报》海外版在女性发展议题上的词汇大多数也是正面词汇，比如"投身于""谨小慎微地""严格的"，来描述唐女士的行为，但是，对于唐女士的性格和外貌没有《纽约时报》的描述那么生动具体。

二、女性发展议题上的言语实践分析比较

本研究对搜索到的《纽约时报》女性发展议题的 10 篇报道以及《中国日报》海外版的 12 篇报道的具体新闻来源进行比较。

表 2　在中国女性发展议题上，《中国日报》海外版和《纽约时报》中的新闻来源比较①

	具体来源	模糊来源	不具体来源	总数
《纽约时报》	9（90%）	1（10%）	0（0%）	10（100%）
《中国日报》	8（67%）	3（25%）	1（8%）	12（100%）

从表 2 我们可以看出，《纽约时报》关于女性发展的报道中没有不具体的新闻来源，而《中国日报》海外版包括了具体新闻来源、模糊新闻来

---

① 这里的具体新闻来源是指有作者信息的新闻话语来源；模糊新闻来源是指有出处无作者信息的新闻话语来源；不具体新闻来源是指完全无出处的新闻话语来源。

源和不具体新闻来源三种类型。《纽约时报》使用具体新闻来源的比例高于模糊新闻来源和不具体新闻来源，具体新闻来源占90%，而模糊新闻来源10%，没有不具体新闻来源。《中国日报》海外版的具体新闻来源占67%，模糊新闻来源占25%，不具体新闻来源占8%。

通过以上的比较我们看出，在女性发展议题的报道中，《中国日报》海外版和《纽约时报》有具体新闻来源的报道比例都比较高，其中，《纽约时报》的比例更高，这就说明，它们在报道女性发展议题时都是客观地呈现中国女性发展的正面态势。

三、女性发展议题上的社会实践分析比较

《中国日报》海外版和《纽约时报》都生动地描绘了中国女企业家低调、务实、理性的形象。同时，她们的人格魅力、激情和狼性也都被体现得淋漓尽致。新闻报道的话语准确地反映了中国成功女性的品质，同时又反过来塑造了积极发展自我的中国女性形象。

《纽约时报》更强调了中国女企业家"多面手"的角色，如何平衡家庭与事业，这一点是每一个事业女性都需要去面对的问题。通过对她们这方面能力的描述，一方面，让受众了解到女性自我发展需要克服的现实困难；另一方面，激励有愿望和条件进行自我发展的中国女性积极培养自己对家庭与事业的平衡能力，对中国女性发展的社会现实有积极构建作用。

《纽约时报》报道中可以看到中国社会为女性发展提供了一个开放和宽松的环境。一方面，是对社会现实的描述；另一方面，这样的描述在国外受众认知中构建了一个美好的中国社会发展的形象。因此，《中国日报》海外版在报道中国女性发展议题时可适当借鉴外媒的语境营造方式和内容。

第五章

中国涉外媒体女性维权与发展议题话语表达的对策建议

第一节　中国涉外媒体女性维权议题报道的现状梳理

国际传播力是衡量一个国家影响力的重要方面。中国涉外媒体的媒体表达能力是衡量中国国际传播力的一个重要指标。媒体表达能力的强弱体现在：媒体话语在向海外受众诠释中国议题时，是否可以准确、客观、积极地反映和构建相关社会现实。从叙事的角度看，我们国际传播需要改进的地方很多。第一，故事层面，也就是要找什么样的故事来讲述，宏大的叙事肯定是需要的，彰显议题的"高大上"，其实细心的人会发现反而是那些普通人的故事更加丰富、鲜活、有趣、感人。能否引起受众的共鸣，讲故事的时候，有成就的故事要讲，困难、问题、挑战也要讲，接地气且具有普遍性的故事更加有说服力。第二，话语层面，叙述的方式、手段、词汇、语法、修辞，还有体现出来的态度，这些内容的分析才是话语的真意（胡正荣，2018）。中国女性维权和发展方面取得了长足进步，中国涉外媒体是国际受众了解和定义我国女性议题社会现实的主要渠道。自主定义社会现实的能力欠缺会使国际受众很难理解我国的相关成就和贡献。通过对比国际一流媒体和中国一流涉外媒体的媒体表达，本研究发现：中国涉外媒体的话语表达能力有几个不足之处。

一、关于对外媒误读误判的回应

中国涉外媒体在构建中国女性维权与发展社会现状时，应该积极回应外媒因社会历史背景不同和意识形态偏见而引起的认识不足，避免依赖外媒的价值标准和新闻框架。

我们发现，当中国涉外媒体和外国媒体关注相同话题时，由于关注的视角不一样，最后设置的议程也会不同。对信息进行解读并且传播的人，属于文化产业的一部分。那些能告诉人们应该聚焦到哪里、关注什么、讨论什么的国家和政府，拥有真正的软实力。由于西方媒体几乎垄断了全球传播资源，信息几乎单向流动，全球新闻往往容易出现议程同化现象。世界各国的媒体很容易用同一新闻主题、新闻框架、新闻用语、新闻语境。

杜克大学的政治学教授 David L. Plaletzs 在题为《纽约时报上的中国》的报告中说，国际关于中国的报道往往做不到就事论事，而是采用不恰当的价值标准和新闻框架。我们需要站在一个崭新的高度，促进新闻理论发展，使外国媒体的涉华报道更加贴近我国的复杂现实。

比如，《中国日报》海外版在关注反家暴议题的时候，主要报道"中国反家暴立法"这样一个鼓舞人心的积极话题，以及"李阳家暴案"这个典型案例，《纽约时报》大多数报道的话题涉及面较广，对中国反家暴立法的关注并不突出，当检索"Chinese anti–domestic violence"一词时，出现的报道多以中国反家暴立法为背景，指出中国反家暴进程存在的问题。这样的价值标准缺乏对中国反家暴发展特点的关照和把握，与中国历史传统缺乏有效衔接（刘利群，2016）。

《纽约时报》是典型的西方主流媒体，其他媒体通常在这些主流媒体设置的框架内筛选新闻。乔姆斯基在一篇《什么让主流媒体成为主流》的文章中将主流媒体称作是"精英媒体"或"议程设置媒体"。《纽约时报》作为主流媒体，掌握着最主要的信源，能为其他媒体设置新闻框架。

国际传播的单向流动性决定了西方主流媒体在国际传播中掌握着对某些议题的控制权。外国媒体拥有更好的媒介优势资源，在议程设置和叙事表达方面的技巧和能力都强于我国的涉外媒体。因此，国际受众在解读中国问题时倾向于依赖外媒的价值标准和新闻框架，缺乏对中国特定历史的关切和把握，这是我们亟待解决的问题。

外媒利用媒体表达技巧让受众信服他们的观点。比较中国涉外媒体和外国媒体的具体新闻来源比例，我们发现，外国媒体报道中的具体新闻来源更高。而具体新闻来源是探究新闻态度是否客观的一个重要指标，《纽约时报》的报道观点显得客观真实，但显得客观并不一定是真的客观，这些观点上的差异很大程度上源自两国在反家暴历史进程上的不同。

报道中的话语是外媒在受众的认知中构建中国"反家暴"社会现状的工具，《纽约时报》基于美国反家暴自身情况和视角进行的媒体表达呈现出对中国反家暴进程的负面态度。基于搜索到的有限文本，本研究发现《纽约时报》在中国反家暴议题的报道上，词汇有 3/4 是负面描述、修辞上用了讽刺和引用，指出中国反家暴依然存在的问题。新闻图式上，《纽约时报》把中国的"黄荆条下出好人"的传统教育观念和反家暴之间的矛盾放在更重要的位置来报道。

总之，外媒凭借语境营造、人物行为刻画、界面设计等方面的话语技巧把握舆论引导权，但是，缺乏对中国反家暴历史发展特点的关照和把握，很容易用不合理的价值标准和新闻框架来反映和构建中国女性维权议题。

当媒体的价值标准客观准确的时候，话语技巧越好，越能通过话语把这种正确的价值构建好并传播出去，反之，当价值标准和新闻框架不够全面真实客观时，话语技巧越好，越容易构建不准确的认知并影响国际受众。而《中国日报》海外版的报道需要对国际主流媒体关注的话题做出积极回应。这是女性维权议题国际传播中的一个重要挑战。

二、关于资料和数据支撑

《中国日报》海外版女性维权与发展议题的相关报道通常分为两类：一是整篇的现状分析，二是对相关故事的叙述。一般第一类文章会涉及大量枯燥的数据和研究结论，第二类讲故事的报道较少运用学术研究结论和数据，比如，在反家暴立法的报道中有大量的数据和论证，而缺少情节性和故事性；在讲述李阳家暴案的报道中，很少运用学术研究和数据来表达观点。

《纽约时报》的故事性新闻报道还引用学术研究结论和研究数据作为论据表明观点。比如，强调"黄荆条下出好人"的教育观念在中国父母中已经根深蒂固的时候，《纽约时报》的报道在故事中穿插引用2013年上海的一项关于家暴的调查结论，指出在对3543人的调查中有70%的人承认被家暴。这样一种叙事方法给人真实可靠的信任感，这种讲故事的方法能更好地表达新闻制作者的观点和态度，得到大多数读者的认同。《纽约时报》所传达的价值判断是否客观暂且不论，这种利用学术研究和数据来说服受众的方式非常有效，叙事技巧和方式值得中国涉外媒体借鉴。

三、关于遵循价值同构原则

《中国日报》海外版对中国女性维权议题的相关报道较少关照到外国

受众的认知标准，比如，反家暴立法对中国社会来说是实现"男女平等"的一大进步，我们的涉外媒体在报道时大多数是描绘进步和实现发展带来的欣喜，或罗列一系列条款证明自身的进步。

《中国日报》海外版在报道时尽量构建国际受众共同认知的内容，比如，可以看出《中国日报》海外版，没有为李阳在家暴中的暴力行为辩护，这一点上符合海外受众认知，使海外受众感觉《中国日报》海外版能够客观公正地对事实进行报道。同时，报道评价中国在女性维权方面做出的努力，突出中国通过反家暴立法为女性和弱势群体保护做了很多具体的工作，并指出在对家暴案件进行量刑的过程中，相关法律部门已经意识到反家暴立法的必要性，这些也是海外受众和中国受众都愿意看到的。

美国等发达国家在女性维权方面和我们的前进步伐不太一致，我们的涉外媒体应构建国际受众共同认知的内容，考虑海外受众认知标准和价值观，以赢得海外受众的认可。

第二节　中国涉外媒体女性发展议题报道的现状梳理

一、新闻来源的提炼与整体把握

费尔克劳认为语篇与话语实践过程关系的阐释分析就是互文性分析。新闻语篇的主要功能是传递信息，所有的新闻语篇都涉及一个复杂的过程：语篇"链"。新闻制作者进行新闻报道往往基于多种消息来源，语篇生成过程中互相交叉，文本与文本之间相互影响（胡慧，2006）。

女性发展议题的报道中，《中国日报》海外版和《纽约时报》都使用了大量的直接引语和具体新闻来源，但《纽约时报》的比例更高，更体现了新闻客观性。中国涉外媒体在新闻制作上也可以通过更多的具体新闻来源和直接引语来体现报道的客观性。这是中国涉外媒体可以进一步提升的方面。

二、营造女性发展议题上的语境方式

中国涉外媒体在构建语境时，方式较单一。职业的说服者理应首先营造和调适语境，而后再决定说什么和怎么说。同时应避免几个错误：语境未成先说话、语境与话语错位。在语境分析的过程中，可以从以下三个角度切入。（1）恢宏与细微相对："大＋小"。在恢宏壮阔的历史语境下刻画剧中人物细微的生活际遇。（2）平常与奇异相对："常＋奇"。比如，化工项目建设的宣传片主题为：保护一窝鸟蛋。建设停工，只为等待一窝鸟的破壳而出，虽然有经济损失却见证了生命的奇迹。充满人性关怀，有血有肉。比起只讲占地、产能和利率这种叙事，把镜头对准小鸟的诞生，奇妙而令人惊叹。（3）无意与刻意相对："偶然＋必然"。对讲故事而言，偶然即"无巧不成书"，必然即那些稳定、"永恒"的结构。叙述那些偶然与无常、必然与命定的境遇，往往最令人心动（胡百精，2017）。

比如，《纽约时报》在报道蓝思科技董事长周群飞时，既有大语境的描写：中国社会倡导性别平等，给女性发展创造了积极的条件；全球女性成功创业者多以继承家族企业为主，而周女士通过白手起家成为中国女性创业者的典范。也有小语境的营造：周女士的蓝思科技上市的基本情况。如此大语境与小语境的结合，就是在恢宏壮阔的历史语境下刻画剧中人物细微的生活际遇，使人物形象与环境的结合更加紧密。《中国日报》海外版报道美国环境系统研究所公司中国分部的首席执行官唐维尼时，也进行了大语境和小语境的营造，但是对大语境的描写着重说明1997年女性创业环境不好，唐女士依靠自身努力推进创业进程，最终获得成功；小语境的描写更加侧重于她个人发自内心对事业的喜爱。就这两篇的叙事方式来看，《纽约时报》的语境营造上对中国社会给予女性的创业环境给予了更多的褒奖，说明中国社会女性权利已经得到世界范围的认可。两篇报道都对中国女性发展自我个性，通过个人奋斗，而最终实现自我褒奖。外国媒体和中国涉外媒体都可以很好地把大语境和小语境结合起来，在历史语境之下刻画人物细微的个性以及生活。

不同的是，《纽约时报》除了"大＋小"的语境营造模式以外，还有"偶然＋必然"的语境营造模式。从周女士与摩托罗拉合作可以看出这次合作使蓝思科技获得了一次"偶然"的发展机会，周女士果断地接下订单。之后，蓝思科技得到了HTC、诺基亚和三星几家国际手机大牌的订单，2007年还得到了苹果手机的订单，这些使蓝思科技成为中国手机屏幕最大供应商成为"必然"。叙述那些偶然与必然的境遇，往往最令人心动，从而引起读者的共鸣。新闻报道对中国女性发展社会语境的营造一方面反映了中国女性发展社会现实，另一方面又构建着外国受众对中国女性发展社会环境的认知。

中国涉外媒体在语境营造方面显得过于简单，虽然也有大语境和小语境的结合，但是，描写显得单薄，构建语境的话语技巧和能力尚需提高。如果可以借鉴外国媒体，增加"偶然＋必然"的语境营造模式，在构建中国社会给予女性发展空间这一社会现实时，会更具说服力。

三、人物形象的丰满度与丰富度

中国涉外媒体在通过话语构建人物形象时，不够生动具体，对人格特质和命运的彰显不够，因此故事的吸引力和说服力不足。角色的人格和命运感一定要由人物经历的故事来呈现，故事越具体越容易打动人心。角色行为的描写也需用事件串联，描写越具体生动，越容易得到受众的喜欢。

在角色塑造上，《中国日报》海外版没有花大笔墨去进行细节描写，读起来更像概况介绍，而不像讲故事。讲人物故事，一定要对人物经历的具体事件，事件中人物的心理、行为进行描写，才能把鲜活的人物形象呈现给读者。从讲故事的角度看，感染力不如《纽约时报》。在角色行为的描写上，《中国日报》海外版只是非常简单地描述了唐女士事业走向成功的经历，对她的其他经历叙述较少，整体上没有《纽约时报》对角色的塑造那么丰满生动。因此，对受众的吸引力较弱。

四、媒体表达均衡度与说服力

中国涉外媒体在通过话语构建有说服力的中国女性发展故事时，欠缺均衡说服。均衡说服原则是说服性叙事最重要原则之一。两面提示就是同时告知对方有利和不利的两种情况。两面提示的说服是一种讨论，是民主的应有之义。一面提示容易造成信任破产。两面提示鼓励对方做出自主判断，即使结果不如人意，亦因其自主决策的合法性，而免于对说服者追责。

虽然《中国日报》海外版和《纽约时报》在女性发展议题报道的叙事上都关照了价值同构原则，也就是构建相同的女性发展的价值观，以得到国内外受众的一致认可，并唤起受众的共鸣，但是，在均衡说服原则上，《中国日报》海外版的人物报道还可以进一步借鉴《纽约时报》的做法。比如，《纽约时报》关于周女士的报道会让国际上正在创业的女性从她的经历中找到自己，产生强烈的认同感；想创业的女性会被她的灵魂和品质所鼓舞，更加坚定和努力；即使不想创业的女性也会从她身上找到女性品格的光芒，因而找到自己的位置。国际受众通过她的故事对中国社会女性的地位有了更直观的了解，不再是冷冰冰的数据，而是一个活生生的女人的生活经历。他们会意识到中国政府给予女性创业机会。然而，《纽约时报》同时指出中国女性的发展离不开社会制度的支持，但是它却说：女性的快速发展是中国实行改革开放和"资本主义制度"之后。这明显是偷换了"中国特色社会主义制度"和"资本主义制度"的概念，其实是美国媒体温和的意识形态色彩的具体体现。且不论《纽约时报》传递的价值观是否正确，这种两面提示的论述方式往往单纯地说好或者不好会有更强的说服力。受众在不知不觉中，毫无抵触情绪地接受媒体的观点和价值判断。

相比之下，《中国日报》海外版这篇报道观点呈现一边倒趋势，肯定中国女性在信息技术行业取得的成就，赞扬唐女士作为中国女性成功创业者代表的优秀品质，这就是主要观点，并没有考虑海外受众是否愿意全盘接受这样的观点，也没有刻意地迎合均衡说服原则，在这一点上中国涉外媒体可以适当借鉴《纽约时报》的制作方法。如果把思辨体现出来，文章会更有说服力。

均衡说服是体现论证思辨的一个重要方面。社会科学中的问题都没有绝对的答案，而文章越是符合均衡说服的原则，越能够说服读者相信其倡导的观点，因此，观点表达的过程中，如果没有用均衡说服的原则，说服力就会差。这也是中国涉外媒体可以提高的一个方面。

五、媒体语言表达的精确度与感情色彩

中国涉外媒体的修辞、引语和词汇运用尚需完善，以更好地构建中国

女性形象和发展空间。

在女性发展议题上,《中国日报》海外版的报道中没有使用修辞手法,表达单调。在讲故事的过程中,对不同身份人物的直接引用可以体现报道内容的专业性,使故事更加让人信服,使读者多角度地认识报道对象。《中国日报》海外版报道中所有的直接引语全部是对唐女士自己的话语的引用,没有旁人对她的描述,叙述显得单薄。在词汇的运用上,《中国日报》海外版只用了几个正面词汇描写唐女士的个性,几乎没有描绘人物外貌的词汇。当只是单一地描写人物的一个方面,人物的形象就会略显单薄。

第三节　提升中国涉外媒体女性维权议题媒体表达能力的路径

一、回应外媒报道中的误读误判

习近平总书记在哲学社会科学工作座谈会上的讲话指出,加快构建中国特色哲学社会科学,需要把握三个方面:一是要体现继承性、民族性;二是要体现原创性、时代性;三是要体现系统性、专业性。① 这为新时期的中国性别传播研究指明了方向。中国涉外媒体在报道中国性别议题时,一定要体现民族性和本土性,坚持马克思主义为指导,从中国的历史文化和社会现实中汲取养分,建构有中国特色的性别传播体系(刘利群,

---

① 人民日报评论员. 加快构建中国特色哲学社会科学——三论学习习近平在哲学社会科学工作座谈会重要讲话 [EB/OL]. 人民网, 2016 – 05 – 20.

2016）。

外媒不恰当的价值标准和新闻框架源于对中国历史和现状缺乏深入理解。因此，当外媒因缺乏对中国女性维权议题的深入理解，在构建中国女性维权议题过程中进行不全面、不客观甚至负面报道时，中国涉外媒体一定要做出及时回应。

美国雪城大学公共外文教授南希·斯诺在《公共外交手册》中写道，一个国家的软实力，由三个方面来衡量：（1）该国的文化和观念是否符合全球流行标准；（2）该国是否有能力运用全球传播渠道影响新闻的报道框架；（3）该国是否通过其国内和国际行为赢得公信力。

我们的文化和观念总体上符合全球流行标准。中国有五千年的历史文化，很多国际上的流行标准最开始便来源于中国。具体说来，在女性发展议题上，中国优秀的创业女性和国际认知的创业女性所具备的特质是一样的，所以这一点上并没有出入。在反家暴议题上，由于美国和中国反家暴历史发展进程不同，美国的新闻制作者在看待中国的反家暴进程时视角完全不同，他们往往喜欢把中国进程和美国进程进行比较，从而在报道中忽视中国的发展和进步，只强调中国依然有很多需要改善的问题。外媒在议程设置和新闻框架设定时不自觉地把这些观点和内容放入报道中。

在女性维权议题上，《中国日报》海外版和《纽约时报》报道文本的相同点是：都采用了比较成熟的话语技巧。在语境营造、角色行为塑造、方法和叙事目的上都是比较好的说服性叙述文章。但是，二者对于报道的立场有很大的差异，《纽约时报》由于自身的价值观和意识形态，其立场是：指出中国反家暴问题为主，肯定进步为辅。话语特点是：用有效的话语言说方式呈现对中国反家暴议题的负面态度。比如，《纽约时报》对反家暴的报道使用名词化的方式隐含地指出了中国政府在反家暴方面的不力，体现了意识形态的不同。同时用讽刺和引用的修辞手法，表面承认进步，实则指出不足。与之相反的，《中国日报》海外版的立场是：肯定反家暴方面的进步为主，指出相关问题为辅。话语特点是：以微观负面词汇呈现不足，以通篇立意表明立场。

当发现立场相异时，中国涉外媒体要针对外国媒体因缺乏对问题深入理解而产生的不合理价值标准和新闻框架，积极回应国际社会的关切。在报道时关照和把握中国妇女历史发展特点，有意识地指出外媒对我们文化的误读、误解、误报，以减少在一些重要问题上国际受众受到不合理的价值标准和新闻框架的影响。

二、利用学术资料和数据进行客观呈现

《纽约时报》能利用学术研究和数据来说服受众，这种叙事方法符合时代要求，应加以推广。大数据时代，用数据说话不仅仅是趋势，也是时代要求。中国涉外媒体在新闻制作上多用研究和数据说话才能为与中国社会发展现实相一致的观点提供有效支持。

三、以价值同构原则构建国际受众共同的认知

说服的目的是要符合人对利益和价值的基本追求，《纽约时报》在女性发展议题上的两篇报道分别讲述了蓝思科技董事长周女士和玖龙纸业董事长张女士的成功历程。其一，蓝思科技是大品牌手机屏幕玻璃的制造商，玖龙纸业是享有盛誉的生活必需品制造商，两家公司不仅惠及中国人民，而且也为世界人民谋福利，蓝思科技和玖龙纸业给中国受众和外国受众带来相同的利益和价值。外媒的新闻制作者选取的报道对象遵循价值同构原则，消除海外受众的认知障碍。其二，周女士和张女士作为创业女性，精力充沛、有远见、勇敢、有事业心、有毅力、能吃苦、自信的特质在她们身上都得到体现，同时，作为女性，她们不失柔美、纯真和低调的特质。这些成功女性的特质符合国际受众共同的认知和价值追求，每个女性，无论国籍，都希望自己能够成为具有这些个性特质的优秀女性。新闻制造者对报道人物的选择遵循价值同构原则，因而制造的内容容易得到海外受众的认同。中国涉外媒体在内容制作上要多选取符合女性对自身价值基本追求的内容，赢得海外受众的支持和认可。

第四节　提升中国涉外媒体女性
发展议题媒体表达能力的路径

一、增加具体新闻来源和直接引语体现报道的客观性和权威性

具体新闻来源和直接引语是考察报道客观性的一个指标。我国涉外媒体的报道也应增加具体新闻来源和直接引语，凸显报道的客观性。

话语可以间接、隐晦地渗透和影响人们的态度、信念、价值观并最终内化，从而使真实的社会建构自然化（吴建刚，2002）。新闻制作者经常在新闻报道中以互文的形式参考或引用他人的话语，表达自己的观点。这些人或是某一领域的权威，或是国家的重大贡献者，或是享有声望的名人、伟人，他们是意见领袖，有社会影响力。新闻语篇的制作者往往通过引用他们的话语来传达特定思想，显示报道的权威性。外媒在报道周女士和张女士的经历时，直接引用了大量的社会知名人士的话语，对她们做肯

定评价，使新闻报道更具权威性。

中国涉外媒体对女性发展议题的报道需增加具体新闻来源，体现报道的客观性和权威性。同时，文本的互文性使受众听到不同的声音，从不同的角度理解和诠释文本，多维度了解人物特质，从客观性、权威性和生动性多方面增加新闻报道的传播效力。

二、借鉴外媒语境营造技巧突出中国特色社会主义文化自信

当无意与刻意相对，偶然和必然相连，故事就会跌宕起伏、妙趣横生。对讲故事而言，偶然即"无巧不成书"，必然即那些稳定、"永恒"的结构。往往最令人心动的是叙述那些偶然与无常、必然与命定的境遇。在金庸小说中，周伯通与瑛姑的相遇相知、离开和重逢，实在是造化弄人，却让读者读得兴趣盎然；杨过苦寻小龙女 16 年后，偶然在蜜蜂翅膀上找到了小龙的下落，在绝情谷底的相遇成为必然。有太多有趣的故事在偶然与必然之间交错和对照。

外国媒体在描写成功女性经历时，往往更善于把必然和偶然联系在一起，牵动着读者的心，个人的发展是偶然和必然因素共同作用的结果。比如，任何一个女性的成功都受必然和偶然因素的影响。她们身上优秀的特质，她们的务实、坚持、狼性、努力等，都是她们获得自身发展的基石，是必然因素；她们的偶然际遇是成就她们个人发展的外部环境。周女士果断地接下与摩托罗拉的合作订单，使蓝思科技获得一次"偶然"的发展机会。之后，蓝思科技得到了 HTC、诺基亚和三星几家国际手机大牌的订单，2007 年还得到了苹果手机的订单，使蓝思科技成为国际手机屏幕最大供应商成为"必然"。

中国涉外媒体通过新闻报道呈现中国女性发展正面态势，叙事兼具大

小语境的渲染和偶然必然语境的诉说，吸引国际受众深入了解中国女性，创造了深入人心的中国成功女性形象，有吸引力的中国女性故事直达国际受众的心，传递信息的同时构建积极正面的中国女性形象，这些美好形象又激励中国女性发展自我。

中国涉外媒体应积极营造中国女性发展的社会语境。微观上，通过积极的事例和娴熟的话语技巧把中国社会给予女性发展空间的社会现实反映出来。宏观上，以中国特色社会主义思想为指导，站在马克思主义的立场上，坚守中国特色社会主义的文化自信，将中国社会给予女性发展空间的社会现实作为话语构建的根基，突出中国国际传播话语体系的原创性。

三、提升人物丰满度与丰富度呈现中国成功女性特质

角色塑造上，《纽约时报》通过细节描写呈现角色的个性和生活经历。比如，《纽约时报》的报道通过蓝思科技周女士的语言和动作来刻画她的性格特征：工作上一丝不苟、细心严谨，以厂为家的敬业精神。文章用了大篇幅来描写细节，刻画了周女士的命运：她出身贫寒，5岁的时候妈妈就去世了，爸爸是个技工，在一次工伤中失明。她家乡所在村庄的具体位置。家乡很多女孩没有机会读初中。她在工厂做女工，几次人生节点上靠自己的能力和坚持一步一步创造命运的奇迹，成为蓝思科技董事长，中国女首富。故事跌宕起伏，妙趣横生，读者不知不觉沉浸其中，体会人物在场景中的感受和心情，中国成功女性的特质跃然纸上，叙事极具感染力。而《中国日报》海外版在角色塑造上缺乏细节描写，读起来更像概况介绍，缺乏故事性。

角色行为描写上，《纽约时报》通过具体事例呈现人物行为上的大格

局和微内容。人物特质表现为细心、严谨、专业。她在工厂里把自己的手亲自伸到水槽里测试温度表现出她的细心；她深入厂房做业务员，观察生产流程，表现出她的严谨和专业。读者看到一个活生生的人，而不是一句简单的概括。《中国日报》海外版只是非常简单地描述了唐女士事业走向成功的经历，对她的生活经历叙述较少，缺乏多角度、全方位的人物塑造。

中国涉外媒体报道在人物塑造上应该更加具体生动。第一，角色的塑造要对人物的个性和经历做细节化描写，包括家境、教育等人格的形成环境，人生重要节点上的际遇，个人生活，事业转折点等。第二，在角色行为的描写上，需要更加具体化。用充满细节描写的小事例把人物特质——呈现给读者，塑造鲜活、丰满、生动的人物形象。中国涉外媒体有责任用积极的话语把中国女性在中国特有的社会背景下的经历、人格、特质呈现出来，如她们如何打破社会对传统女性的刻板印象，实现自我，为社会做出贡献等。

四、注意运用均衡说服的表达方式增强故事的说服力

均衡说服原则是说服性叙事最重要的原则之一。两面提示就是同时告知对方有利和不利的两种情况。如果只告知有利的一个方面，会显得比较武断。从古希腊到 20 世纪中期，把正面和负面的事实都摆出来，遵循均衡说服的原则，一直是西方的说服研究强调的重要内容。

两面提示的说服是一种讨论，是民主的应有之义，讨论是任何行动必不可少的基本前提。从具体的说服效果来观察，如果读者只听信单面的说辞，因没有达到预期的效果，易产生反抗意识。一面提示容易造成信任破产。两面提示鼓励对方做出自主判断，即使结果不尽如人意，亦因其自主决策的合法性，而免于对说服者追责。

很明显，有说服力的故事一定要做两面提示，而这种具有思辨意识的话语是西方受众习以为常的话语言说方式，中国涉外媒体在报道中国女性维权和发展故事时，借助西方表达习惯来表达自己的观点，能达到更好的国际传播效果。

五、巧用媒体语言提升故事的吸引力与感染力

修辞增加文本吸引力，巧用修辞手法，提升表达效果。《纽约时报》女性发展议题的报道用了对比的修辞手法，指出周女士与日本、欧洲、美国的众多女性创业者不同，其他国家的女性富豪多是从家族继承财产，唯有周女士白手起家创造亿万财富。修辞的使用对凸显人物特质有积极意义，通过积极话语构建了正面的中国女性形象。

对不同身份人物的直接引用可体现报道内容的专业性。《纽约时报》通过直接引语，对周女士的人格特质进行了细致描写，使人物形象丰满；被引用者包括蓝思科技总经理赵先生、周女士中学老师、周女士的堂兄、康宁公司执行总监、蓝思科技质量检查员、周女士本人。对玖龙纸业张女士的报道也有大量不同身份的被引用者，通过对他们话语的直接引用，呈现张女士的成功女性形象。被引用者包括：法国银行 Woo 先生、张女士在香港的合作伙伴，还有张女士本人。《中国日报》海外版报道中所有的直接引语全部是对唐女士自己话语的引用，没有旁人对她的描述，叙述显得单薄。巧用直接引语，有利于增加故事的可信度，帮助读者多角度认识报道对象。

在词汇的运用上，《纽约时报》用了大量的正面词汇描写人物的个性品质和外貌，使人物形象生动丰满，有吸引力。《中国日报》海外版只用了几个正面词汇描写唐女士的个性，几乎没有描绘人物外貌的词汇。当媒

体报道只是单一地描写人物的一个方面，人物的形象就会略显单薄。

中国涉外媒体在讲中国女性发展故事时，修辞、引语和词汇的运用都可以借鉴《纽约时报》，挖掘更多有魅力的中国女性故事，用更好的话语表达技巧，将中国女性故事讲得更有吸引力和感染力。

结　论

　　中国女性维权与发展议题是国际舆论关注的焦点，也是国际传播领域研究的重要内容。中国女性维权与发展议题媒体表达的重要性不言而喻。增强中国涉外媒体在相关议题上的国际竞争力，提升媒体表达能力是本研究的主要目标。基于此，本研究梳理了用话语分析研究女性议题媒体表达的研究现状，通过梳理发现：遵从福柯话语理论语言与社会相互构建原则的话语分析常被用于媒体表达研究和女性议题研究，但在此话语分析视角下研究女性维权与发展议题的媒体表达，探索中国涉外媒体反映和构建相关议题社会现实的有效路径仍是国际传播学界需要解决的问题。本研究阐释了话语分析作为主要研究方法的适用性。并指出：用批评话语研究女性维权议题媒体表达的原因，以及用积极话语分析研究女性发展议题媒体表达的原因。

　　本研究通过对《中国日报》海外版和《纽约时报》报道中的"中国女性维权"议题进行批评话语分析，对"中国女性发展"议题进行积极话语分析，为增强中国涉外媒体的国际竞争力，提升其在女性议题上的话语表达能力提供参考性对策建议。研究方法包括：话语分析、文献调查、个案研究、比较研究、数据统计。话语分析的框架采用费尔克拉夫三维分析框架：第一维度的文本分析主要聚焦以叙事为主的报道；第二维度言语实践分析主要关注具体新闻来源比例，本研究把搜索到的报道都纳入分析范围；第三维度社会实践分析主要分析话语如何反映和构建中国女性维权和发展的社会现实。

通过对《中国日报》海外版和《纽约时报》女性维权议题报道的文本分析比较发现：两报在媒体表达技巧上各有特点，都体现了舆论引导和客观表达的媒介呈现。《纽约时报》善用学术研究结论和数据展现客观性。言语实践分析比较发现：两报都用了高比例具体新闻来源呈现客观性的表达方式。社会实践分析比较发现：两国不同的社会文化、价值观、社会发展进程使两报立场和观点相异，《纽约时报》对中国女性维权议题存在误读误判。《中国日报》海外版对符合国际受众认知内容的构建不足。

通过对《中国日报》海外版和《纽约时报》女性发展议题报道的文本分析比较发现：《纽约时报》在塑造成功的中国女性形象时，语境营造、角色塑造、修辞、词汇运用更胜一筹。言语实践分析比较发现：两报都通过高比例具体新闻来源呈现客观性的表达方式，但《纽约时报》比例略高于《中国日报》海外版。社会实践分析比较发现：中国社会给予女性发展空间，《纽约时报》积极呈现了在此社会背景下中国成功女性的特质——有激情、有狼性，同时她们低调、务实、理性的形象，平衡家庭与事业的能力，这些内容客观反映了中国的社会现实，同时也积极构建了中国社会给予女性发展空间的社会现实。《中国日报》海外版也有相同的积极构建意图，但话语表达技巧尚需提高。

对《中国日报》海外版和《纽约时报》中国女性维权议题的批评话语分析反映了中国涉外媒体表达能力的三个不足之处：（1）关于对外媒误读误判的回应；（2）关于资料和数据支持论点的技巧；（3）关于遵循价

值同构原则。对《中国日报》海外版和《纽约时报》中国女性发展议题的积极话语分析反映了中国涉外媒体表达技巧的五个问题：（1）新闻来源的提炼与整体把握；（2）营造女性发展议题上的语境方式；（3）人物形象的丰满度与丰富度；（4）媒体表达均衡度与说服力；（5）媒体语言表达的精确度与感情色彩。

因此，提升中国涉外媒体对该议题媒体表达能力的路径有：（1）回应外媒报道中的误读误判；（2）利用学术资料和数据进行客观呈现；（3）以价值同构原则构建符合海外受众共同的认知。提升中国涉外媒体对该议题媒体表达能力的路径包括：（1）增加具体新闻来源和直接引语体现新闻报道的客观性和权威性；（2）借鉴外媒语境营造技巧突出中国特色社会主义文化自信；（3）提升媒介人物丰满度与丰富度呈现中国女性特质；（4）运用均衡说服的表达方式增强故事的说服力；（5）巧用媒体语言提升故事的吸引力与感染力。

鉴于《中国日报》海外版和《纽约时报》分别作为国际一流媒体和中国主流涉外媒体的代表性，本研究把研究重点聚焦在这两大媒体。还有众多外国媒体和中国涉外媒体没有进行深入探讨，媒体与媒体之间既有共性又有特性。所以，本研究的结论不完全适用于所有外国媒体和中国涉外媒体的情况。这是本研究的不足之处，也是下一步研究将要解决的问题。

参考文献

1. 艾尔·巴比. 社会研究方法 [M]. 邱泽奇, 译. 北京: 华夏出版社, 2018.

2. 陈琦. 略论中国如何在媒介传播中掌握国际话语权 [J]. 新闻知识, 2010 (2): 43–44.

3. 陈立娟. 英文广告语中性别差异的批评话语分析 [D]. 西安: 西北大学, 2014.

4. 丁和根. 新闻传播研究中话语分析与框架分析之比较 [J]. 当代传播, 2019 (6): 6–9.

5. 丁建新. 童话叙事中的性别问题: 社会符号学的视角 [J]. 江西社会科学, 2007 (11): 36–41.

6. 范·戴克. 精英话语与种族歧视 [M]. 齐月娜, 陈强, 译. 北京: 中国人民大学出版社, 2011.

7. 范·戴克. 作为话语的新闻 [M]. 曾庆香, 译. 北京: 华夏出版社, 2003.

8. 费尔克拉夫. 话语与社会变迁 [M]. 殷晓蓉, 译. 北京: 华夏出版社, 2003.

9. 福柯. 福柯说权力与话语 [M]. 陈怡含, 编译. 武汉: 华中科技大学出版社, 2017.

10. 福柯. 知识考古学 [M]. 谢强, 马月, 译. 北京: 生活·读书·新知三联书店, 1998.

11. 耿颖资. 《嘉人》及《时尚先生》中的社会性别定型的批评话语分析 [D]. 曲阜: 曲阜师范大学, 2013.

12. 关恩娣. 对《中国日报》与《纽约时报》关于日本大地震报道的批评话语分析 [D]. 南京: 南京师范大学, 2012.

13. 郭泽德, 白洪谭. 质化研究理论与方法——中国质化研究论文精选集 [M]. 武汉: 武汉大学出版社, 2015.

14. 郭媛媛. 批评话语分析视角下人教社版小学教科书《语文》中童话的性别歧视研究 [D]. 西安: 长安大学, 2016.

15. 黄珍. 批评话语视角下的灾难新闻——以纽约时报对四川地震和日本地震和海啸的新闻报道对比分析为例 [D]. 上海: 复旦大学, 2012.

16. 胡百精. 故事的要素、结构与讲故事的策略模式 [J]. 对外传播, 2017, 1 (1): 38 –41.

17. 胡慧. 从互文性看文学、文化的传承与发展 [J]. 学术界, 2006 (5): 205.

18. 胡壮麟. 积极话语分析和批评话语分析的互补性 [J]. 当代外语研究, 2012 (7): 3 –8.

19. 胡正荣. 国际传播叙事亟待迭代升级 [J]. 综艺, 2018 (7).

20. 蒋月娥. 妇女维权工作的实践与发展, 改革开放 30 周年中国妇女发展论坛专版 [J]. 中国妇运, 2009 (1): 15 –17.

21. 查尔斯·霍顿·库利. 人类本性与社会秩序 [M]. 包凡一, 等译．北京：华夏出版社，1999．

22. 拉斯韦尔．传播在社会中的结构和功能［M］．何道宽，译．北京：中国传媒大学出版社，2012．

23. 李娜．《人民日报》社论评论中妇女形象建构的文化分析［J］．文化传播研究，2017（1）：51－55．

24. 李汝幸．批评话语分析视角下童话中性别话语的构建［D］．广州：暨南大学，2013．

25. 李莹，刘梦，辛欣．中国反家庭暴力二十年回顾与展望［J］．甘肃联合大学学报（社会科学版），2003（6）．

26. 李智．再论国际话语权及其提升路径［J］．北大新闻与传播评论，2014（1）：199－212．

27. 廖益清．社会性别的批评话语分析述评［J］．外语教学，2008（5）：23－27．

28. 刘利群．互动发展与挑战反思——媒介传播与性别平等20年回顾［J］．妇女研究论丛，2015（5）：49－54．

29. 刘利群．构建中国特色性别传播研究的方向与路径［J］．妇女研究论丛，2016（4）：17－19．

30. 刘利群，赵贺．论国际传播中性别议题的特殊价值及其实践路径［J］．现代传播，2019（8）：30－34．

31. 刘越．批评话语分析视角下安徒生童话中的性别研究［D］．秦皇岛：燕山大学，2014．

32. 吕丹．中美空难新闻报道的批评话语分析［D］．合肥：安徽大学，2016．

33. 钱毓芳．语料库与批判话语分析［J］．外语教学与研究，2010

（3）：198－202.

34. 钱毓芳，田海龙．话语与中国社会变迁：以政府工作报告为例
[J]．外语与外语教学，2011（3）：40－43.

35. 钱毓芳．英国《太阳报》关于恐怖主义话语的主题词分析[J]．
浙江传媒学院学报，2010，17（4）：98－103.

36. 钱毓芳，黄晓琴．英美主流报刊关于"中国梦"的话语建构研究
[J]．天津外国语大学学报，2016，23（4）：15－21.

37. 丘小维，蒋玉娟．中国女性就业与生存发展家庭保障路径[J]．
改革与战略，2017（12）：21－27.

38. 施旭．中国话语研究的发展策略[J]．浙江大学学报（人文社会
科学版），2006（4）：57.

39. 唐丽萍．语料库语言学在批评话语分析中的作为空间[J]．外国
语，2011（4）：43－49.

40. 田海龙．政治语言研究：评述与思考[J]．外语教学，2002（1）：
23－29.

41. 汪建达．哈弗罗斯论伦理问题的转向[J]．学术交流，2007（9）：
13－16.

42. 王啸．国际话语权与中国国际形象的塑造[J]．国际关系学院学
报，2010（6）：58－65.

43. 吴建刚．论批评话语分析[J]．华中师范大学学报，2002（3）：
44.

44. 习近平．在哲学社会科学工作座谈会上的讲话[EB/OL]．人民
网，2016－05－17.

45. 辛斌，高小丽．批评话语分析：目标、方法与动态[J]．外语与

外语教学，2013（4）：1 – 4.

46. 辛斌. 批评语言学：理论与应用［M］. 上海：上海外语教育出版社，2005.

47. 辛斌. 语言、权力与意识形态：批评语言学［J］. 现代外语，1996（1）：21 – 26.

48. 辛斌. 语篇互文性的语用分析［J］. 外语研究，2000（3）：15.

49. 辛文. 对英国《卫报》关于伦敦奥运会叶诗文夺金新闻余篇的批评性话语分析［D］. 南京：南京师范大学，2013.

50. 肖丽娜. 对《华盛顿邮报》和《中国日报》关于中国划设东海防空识别区新闻报道的批评性话语分析［D］. 海口：海南大学，2014.

51. 杨奥琳. 从批评话语分析的视角论《副总统》女主角的性别身份构建［D］. 上海：上海师范大学，2016.

52. 于建红. 广告中性别意识形态的批评话语分析［D］. 福州：福建师范大学，2009.

53. 占丽凤. 对《纽约时报》与《中国日报》关于对台军售报道的批评话语分析［D］. 南昌：南昌航空大学，2012.

54. 张国庆. 媒体话语权［M］. 北京：中国人民大学出版社，2012.

55. 张敬婕. 20 世纪 90 年代以来性别传播研究的话语情境与研究取向［J］. 新闻与传播评论，2012（1）：45 – 53.

56. 张湘雨. 卡梅伦挽回苏格兰演讲的批评话语分析［D］. 长春：长春工业大学，2016.

57. 郑文文. 从批评话语分析角度阐释《劝导》中的性别关系［D］. 曲阜：曲阜师范大学，2016.

58. 钟翠芳.《纯真年代》中性别关系的批评话语分析［D］. 汕头：

汕头大学, 2007.

　　59. 朱晓敏. 批评话语分析视角下的《政府工作报告》英译研究——基于语料库的第一人称代词复数考察 [J]. 外语研究, 2011 (2): 73 - 78.

　　60. 朱永生. 积极话语分析: 对批评话语分析的反拨与补充 [J]. 英语研究, 2006 (4): 36 - 42.

　　61. DISCOURSE B J. A Critical Introduction [M]. Cambridge: CUP, 2005.

　　62. CALDAS - COULTHARD C R. Text and Practice: Readings in Critical Discourse Analysis [C]. London: Routledge, 1996: xi - xii.

　　63. DOZIER D M. Manager's Guide to Excellence in Public Relations and Communication Management [M]. New Jersey: Lawrence Erlbaum Associates, INC, 1995.

　　64. EHRLICH S. Representing Rape: Language and Sexual Consent [M]. New York: Routledge, 2001.

　　65. FAIRCLOUGH N. Language and Power [M]. London/NewYork: Longman, 1989.

　　66. FAIRCLOUGH N. Discourse and Social Change [M]. Cambridge: Polity Press, 1992.

　　67. FAIRCLOUGH N. Critical Discourse Analysis: The Critical Study of Language [M]. London/New York: Longman, 1995.

　　68. FOWLER R, et al. Language and Control [C]. London, Boston & Henley: Routledge & Kegan Paul, 1979.

　　69. HALLIDAY M. Language as Social Semiotic: The Social Interpretation of Language and Meaning [M]. Beijing: Foreign Language Teaching and Re-

search Press, 1978/2001.

70. HLOMES J. Power and Discourse at Work: Is Gender Relevant? [M] //LAZAR M M. Feminist Critical Discourse Analysis. New York: Palgrave Macmillan, 2005.

71. KRESS G. Design and Transformation: New Theories of Meaning [M] //COPE W, KALANTZIS M. Multiliteracies: Literacy Learning and the Design of Social Futures. London: Routledge, 2000.

72. LAKOFF R. Language and Woman's Place [M] . New York: Harper and Row, 1973.

73. LAZAR M M. Gender, Discourse and Semiotics: The Politics of Par - Enthood Representations [J] . Discourse and Society, 2000, 11 (3): 373 - 400.

74. LAZAR M M. Consuming Personal Relationships: The Achievement of Feminine Self - identity through Other - centeredness [M] //LITOSSELITI L, SUNDERLAND J. Gender Identity and Discourse Analysis. Amsterdarm: Benjamins, 2002.

75. MARTIN J R. Grace: the Logo Genesis of Freedom [J] . Discourse Studies, 1999, 1: 31 - 58.

76. MARTIN J R. Blessed are the Peacemakers: Reconciliation and Evaluation [M] //CANDLIN C. Research and Practice in Professional Discourse. Hong Kong: City University of Hong Kong Press, 2002: 187 - 227.

77. MARTIN J R. Positive Discourse Analysis: Solidarity and 58. Change [J] . Revista Canaria de Esrudios Ingleses, 2004, 49: 179 - 200

78. QIAN Y F. Discursive Constructions around Terrorism in the People's

Daily and The Sun before and after 9 · 11 ［D］. Lancaster: Lancaster University, 2008.

79. REMLINGER K A. Negotiating the Classroom Floor: Negotiating Ideologies of Gender and Sexuality ［M］//LAZAR M M. Feminist Critical Discourse Analysis. New York: Palgrave Macmillan, 2005.

80. TALBOT M. Fictions at Work: Language and Social Practice in Fiction ［M］. London: Longman, 1995.

81. VAN DIJK T. Discourse as Interaction in Society ［M］//VAN DIJK T. Discourse as Social Interaction. London: Sage Pub – lications. 1997.

82. VAN DIJK T. Ideology: A Multidisciplinary Approach ［M］. London: Sage Publications. 1998.

83. VAN DIJK T. Multidisciplinary CDA: A Plea for Diversity ［M］//WODAK R, MEYER M. Methods of Critical Discourse Analysis. London: Sage Publications, 2001.

84. WODAK R. The Discourse – Historical Approach ［M］//WODAK R, MEYER M. Methods of Critical Discourse Analysis. London: Sage Publications, 2001.

85. WODAK R, MEYER M. Methods of Critical Discourse Analysis ［M］. London: Sage Publications, 2001.

86. WODAK R, MEYER M. Methods of Critical Discourse Analysis ［M］. 2nd ed. London: Sage, 2009.